BENNING · OBERRATH

Bürgerliches Recht I

ABW!R ARBEITSBÜCHER WIRTSCHAFTSRECHT

Herausgegeben von
Prof. Dr. Jörg-Dieter Oberrath
Fachhochschule Bielefeld

Bürgerliches Recht I

BGB AT und vertragliche Schuldverhältnisse

Prof. Dr. Axel Benning
Fachhochschule Bielefeld

Prof. Dr. Jörg-Dieter Oberrath
Fachhochschule Bielefeld

6., überarbeitete Auflage, 2015

Bibliografische Information der Deutschen Nationalbibliothek | Die Deutsche Nationalbibliothek verzeichnet diese Publikation in der Deutschen Nationalbibliografie; detaillierte bibliografische Daten sind im Internet über www.dnb.de abrufbar.

6. Auflage, 2015
ISBN 978-3-415-05493-6

Titelfoto: © RBV/Denchik – Fotolia | Satz: Dörr + Schiller GmbH, Curiestraße 4, 70563 Stuttgart | Druck und Bindung: Vereinigte Druckereibetriebe Laupp & Göbel GmbH, Robert-Bosch-Straße 42, 72810 Gomaringen

Richard Boorberg Verlag GmbH & Co KG | Scharrstraße 2 | 70563 Stuttgart
Stuttgart | München | Hannover | Berlin | Weimar | Dresden
www.boorberg.de

Inhaltsverzeichnis

A. Einleitung

I. Sinn und Zweck des Buches

Die Erfahrung zeigt, dass Studierende in Rechtsfächern relativ wenig Probleme damit haben, sich die theoretischen Grundlagen für die Lösung einzelner Rechtsprobleme anzueignen. Schwierigkeiten bereitet ihnen dagegen die Anwendung des Erlernten auf die in den Klausuren geforderte Bearbeitung konkreter juristischer Fälle. Abgesehen von den Schwierigkeiten, sich in die Besonderheiten der juristischen Fallbearbeitungstechnik einzufinden, treten häufig weitere Probleme auf. Zum einen werden die in dem jeweiligen Fall untergebrachten Fragestellungen oft nicht logisch korrekt in die Prüfung einer Norm eingebunden. Zum anderen bereitet es Schwierigkeiten, die Zusammenhänge verschiedener Regelungsbereiche zu erkennen, insbesondere das Zusammenspiel verschiedener Normen. **1**

Hier setzt das vorliegende Buch an. Mit Hilfe von Prüfungsschemata für die gängigsten Klausurkonstellationen soll den Studierenden ein Fahrplan für die Bearbeitung eines Falles an die Hand gegeben werden. Auf die Vermittlung theoretischer Kenntnisse wird dabei weitgehend verzichtet. Das Buch soll Vorlesungen und Lehrbücher nicht ersetzen, sondern ergänzen. Es kann dabei sowohl zur Nachbearbeitung einzelner Themenkomplexe als auch zur Wiederholung des gesamten Stoffes im Rahmen der Klausurvorbereitung eingesetzt werden. Das Buch beschränkt sich dabei nicht auf die Vorstellung verschiedener Prüfungsabläufe, sondern bietet mit den enthaltenen Fällen und dem Glossar auch die Möglichkeit, sich über die in den Übersichten auftretenden Begriffe kurz zu informieren und das einzelne Schema in einem darauf zugeschnittenen Fall direkt anzuwenden. **2**

Dementsprechend kann man sich mit dem konsequenten Durcharbeiten des Buches einen guten Überblick über typische Probleme und Fallgestaltungen des Bürgerlichen Rechts verschaffen. Das Buch kann aber auch punktuell eingesetzt werden. Es ist möglich, gezielt einzelne Begriffe nachzuschlagen, um Sicherheit in der Beherrschung von Definitionen zu erlangen. Außerdem können konkrete Prüfungsabläufe zu einzelnen Problemen und Fallgestaltungen, auf die man in Vorlesungen oder Lehrbüchern stößt, nachvollzogen werden. Schließlich kann auch die Bearbeitung juristischer Fälle geübt werden. **3**

II. Fallbearbeitung im Bürgerlichen Recht

1. Fragestellungen

Grundlage eines Falles aus dem Bürgerlichen Recht ist die Darstellung eines tatsächlichen Lebenssachverhalts mit rechtlichen Bezügen. Sie schließt mit einer Fallfrage ab. Diese kann auf die Begutachtung der gesamten Rechtslage **4**

(„Wie ist die Rechtslage?") oder eines einzelnen Aspekts, insbesondere das Vorliegen eines Anspruchs („Hat A einen Anspruch auf ... gegen B?"), gerichtet sein. Ansprüche (vgl. § 194 Abs. 1 BGB) können sich aus einem Vertrag (z. B. Anspruch auf Kaufpreiszahlung nach § 433 Abs. 2 BGB), der Herrschaft über eine Sache (z. B. Herausgabeanspruch des Eigentümers aus § 985 BGB) oder einem gesetzlichen Schuldverhältnis (z. B. Anspruch auf Zahlung von Schadensersatz wegen Verletzung eines Rechtsguts aus § 823 Abs. 1 BGB) ergeben. Zu beachten ist, dass man sich klarmachen muss, worauf die Fallfrage genau abzielt. Dabei kann man sich folgenden Merksatzes bedienen: **Wer will was von wem woraus?".** Die Frage nach „wer", „was" und „wem" ergibt sich direkt aus dem Falltext. Bezüglich der Frage nach dem „Woraus" muss die geeignete Anspruchsgrundlage gesucht werden. Zu beachten ist, dass für einen Anspruch auch mehrere Anspruchsgrundlagen in Betracht kommen können (sog. Anspruchskonkurrenz), die dann allesamt zu prüfen sind. Soweit für diese Ansprüche unterschiedliche Rechtsgründe in Betracht kommen – man unterscheidet üblicherweise Ansprüche aus Vertrag, Ansprüche aus dinglichem Recht und gesetzliche Ansprüche –, werden üblicherweise meist die vertraglichen, dann die dinglichen und als letztes die gesetzlichen Ansprüche geprüft. So sind auch die beiden Bände des Arbeitsbuchs „Bürgerliches Recht" aufgebaut.

2. Falllösung

5 Die Falllösung erfolgt in zwei Schritten. Zunächst muss unter Berücksichtigung der bei der Vorüberlegung gefundenen Grundsätze und Normen eine These aufgestellt werden. Soweit es um mehrere Ansprüche oder Anspruchsgegner bzw. -berechtigte geht, ist jeweils eine gesonderte These aufzustellen. Hauptteil der Falllösung ist die Prüfung, ob die aufgestellte These auf den konkreten Fall zutrifft. Man muss dabei untersuchen, ob die für die Erfüllung der These erforderlichen Voraussetzungen, insbesondere die Tatbestandsvoraussetzungen der einschlägigen Normen, erfüllt sind (sog. Subsumtion). Mit der Feststellung, dass ein Anspruch entstanden ist, ist die Lösung – vor allem bei vertraglichen Ansprüchen – oft noch nicht endgültig gefunden. Ansprüche können nämlich auch wieder erlöschen, oder sie können infolge von Gegenrechten des Anspruchsgegners nicht durchsetzbar sein (vgl. hierzu Übersicht 1 Rn. 10).

6 Für die Arbeit mit den Prüfungsabläufen gilt, dass der Leser zunächst die einzelnen Prüfungsschritte mittels Nachlesen der zitierten Normen und der im Glossar erklärten Begriffe nachvollziehen und dann die Anwendung anhand des Übungsfalls erproben sollte. Dabei ist die angebotene Lösung selbstverständlich zunächst abzudecken, da nur so eine echte Kontrolle gewährleistet ist, ob der Prüfungsablauf wirklich beherrscht wird.

7 Bei der Anwendung der Prüfungsabläufe ist ferner zu beachten, dass es sich nur um ein Hilfsmittel zur Prüfung von Fällen handelt. Ein sklavisches Abarbeiten der einzelnen Prüfungspunkte ist zu vermeiden. Es ist jeweils der konkrete Sachverhalt im Auge zu behalten. Dabei ist zu beachten, dass die vom Aufgabensteller in den Sachverhalt eingearbeiteten Informationen den Fallbearbeiter führen und ihm Hinweise geben sollen, welche Punkte problematisch sind und daher intensiver als andere behandelt werden sollten. Allerdings gibt es bei den meisten Schemata auch Punkte, die erfahrungsgemäß fast immer eine Rolle spielen. Auf diese Punkte wird in den Ausleitungen zu den jeweiligen Schemata besonders hingewiesen.

Die Prüfungsabläufe sind so angelegt, dass sie alle notwendigen Prüfungs- **8** schritte erfassen. Allerdings ist die dargestellte Prüfungsreihenfolge nicht immer zwingend, weil sich aus den Gesetzen oder aus der Logik nicht überall eine bestimmte Abfolge ableiten lässt. Insoweit handelt es sich lediglich um einen Vorschlag. Andere Möglichkeiten der Prüfungsreihenfolge sind denkbar. Entsprechendes gilt für die Lösung der Fälle. Auch hier sind je nach Auffassung und Argumentation bei einigen Problemen auch andere Meinungen vertretbar. Die Autoren haben sich bemüht, bei Meinungsstreitigkeiten der höchstrichterlichen Rechtsprechung zu folgen. Insbesondere bei Klausuren kann davon natürlich auch abgewichen werden. Entscheidend ist letztlich vor allem, dass die vertretene Auffassung nachvollziehbar begründet wird.

B. Prüfung eines vertraglichen Anspruchs

I. Grundsätzlicher Prüfungsablauf für den Erfüllungsanspruch

1. Allgemeiner Prüfungsablauf

a) Einführung

9 Unabhängig von dem einzelnen Vertragstyp existiert ein einheitlicher Ablauf für die Prüfung eines Anspruchs auf Leistung bzw. Gegenleistung aus einem Vertrag. Herkömmlicherweise wird dabei untersucht, ob der Anspruch entstanden ist, ob er erloschen ist und ob er noch durchsetzbar ist. Gegenstand der verschiedenen Prüfungsabschnitte sind die gängigen Problemkreise des Allgemeinen Teils des BGB und des Allgemeinen Schuldrechts. Dementsprechend werden in der Klausur üblicherweise auch nur einzelne Punkte zu prüfen sein. Allgemein muss bei der Klausurlösung beachtet werden, dass nur die erheblichen Punkte zu prüfen sind. Sofern bestimmte Tatbestandsmerkmale offensichtlich vorliegen, muss dies bei der Lösung nur kurz festgehalten werden, z. B. durch Formulierungen wie „Die Parteien haben einen Kaufvertrag geschlossen".

Die Prüfung problematischer Punkte leitet man mit Formulierungen wie „Fraglich ist, ob ..." oder „Zu prüfen ist, ob ..." ein.

b) Prüfungsablauf

10
Übersicht 1

Prüfung eines vertraglichen Anspruchs (z. B. § 433 Abs. 1 oder 2 BGB)

I. Anspruch entstanden
1. Übereinstimmende Willenserklärungen
   a) Einigung (Angebot und Annahme; §§ 145 ff. BGB)
   b) Zugang (§ 130 BGB)
2. Wirksamkeit der Einigung = keine Nichtigkeit wegen
   - Geschäftsunfähigkeit (§§ 104 ff. BGB)
   - Formmangel (§§ 125 ff. BGB)
   - Verstoß gegen ein Gesetz (§ 134 BGB)
   - Vorliegen eines Scheingeschäfts (§ 117 Abs. 1 BGB)
   - Sittenwidrigkeit (§ 138 BGB)
3. Kein wirksamer Widerruf der Willenserklärung
   - Vorzeitiger Widerruf (§ 130 Abs. 1 Satz 2 BGB)
   - Bestehen eines Verbraucherwiderrufsrechts (vgl. Übersicht 5 Rn. 25)

II. Anspruch erloschen
- ▶ Beseitigung des Vertrages
   - Anfechtung (§§ 119 ff. BGB; § 142 BGB)

- Rücktritt
  - vertraglich vereinbart oder
  - aufgrund Leistungsstörungen (§§ 323, 324, 326 Abs. 5 BGB)
  - Aufhebungsvertrag (§ 311 Abs. 1 BGB)
► Erlöschen der Leistungsverpflichtung
  - Erfüllung (§ 362 BGB)
  - Erlass (§ 397 Abs. 1 BGB)
  - negatives Schuldanerkenntnis (§ 397 Abs. 2 BGB)
  - Aufrechnung (§§ 387 ff. BGB)
  - Hinterlegung (§§ 372 ff. BGB)
  - Untergang des Leistungsgegenstandes (§§ 275 Abs. 1–3, 326 Abs. 1 Satz 1 BGB)
III. **Anspruch durchsetzbar, d. h. keine Einrede des Schuldners wegen**
  - Verjährung (§§ 194 ff. BGB)
  - Ausstehen einer Leistung des Gläubigers (§§ 273, 320 BGB)
  - unzulässiger Rechtsausübung (§ 242 BGB)

Dieser Prüfungsablauf umfasst alle gängigen Problemkreise. Es gilt hier in besonderer Weise der bereits erwähnte und für alle Schemata zu beachtende Grundsatz, dass nur das einer näheren Erörterung bedarf, was durch den konkreten Sachverhalt angezeigt ist.

2. Einzelne Prüfungsabläufe bezüglich des Entstehens des Anspruchs

a) Prüfung der Wirksamkeit der Willenserklärung eines Minderjährigen

Obwohl das Minderjährigenrecht in der wirtschaftsrechtlichen Praxis nur geringe Bedeutung hat, werden die §§ 104 ff. BGB in Klausuren häufig abgefragt. Hintergrund ist, dass sich hierdurch die zu erlernende Subsumtions- und Fallprüfungstechnik besonders gut abprüfen lässt, weil sich die Lösung solcher Fälle aus der Anwendung einiger weniger Normen ergibt, deren Zusammenspiel man erkennen muss. In fortgeschrittenen Klausuren wird das Minderjährigenrecht dagegen höchstens als Teilaspekt bei der Frage, ob ein Anspruch überhaupt entstanden ist (vgl. oben Rn. 9), zu behandeln sein. **11**

Übersicht 2 **12**

Prüfung der Wirksamkeit der Willenserklärung eines Minderjährigen
1. Feststellung der Minderjährigkeit (§ 106 i. V. m. § 2 BGB)
2. Gründe für die sofortige Wirksamkeit der Willenserklärung des Minderjährigen
   - Lediglich rechtlich vorteilhaftes Geschäft (§ 107 BGB)
   - Ausdrückliche vorherige Zustimmung (Einwilligung, § 182 BGB) der Eltern (§ 107 BGB)
   - Konkludente vorherige Zustimmung (§ 110 BGB)
   - Einwilligung zu einem Tätigkeitsbereich des Minderjährigen, der Rechtsgeschäfte mit sich bringt
     - Selbständiger Betrieb eines Erwerbsgeschäfts (§ 112 BGB)

- Dienst- oder Arbeitsverhältnis (§ 113 BGB)
- Beschränkter Generalkonsens (§ 107 BGB analog)
3. Nachträgliche Wirksamkeit der Willenserklärung durch Genehmigung
   - Rechtsgeschäft muss noch schwebend unwirksam sein
   - Eltern erklären Minderjährigem oder Geschäftspartner (§ 182 BGB) die nachträgliche Zustimmung (§ 108 BGB)
   - Eventuell Einhaltung der Zweiwochenfrist bei Aufforderung des Geschäftspartners an die Eltern (§ 108 Abs. 2 BGB)
   - Fortbestehende Zuständigkeit der Eltern (§ 108 Abs. 3 BGB)

13 Bei der Prüfung ist zu beachten, dass man sich an die sich aus der Gesetzessystematik ergebende Prüfungsreihenfolge hält. Insbesondere muss der Fehler vermieden werden, sich mit Fragen der Genehmigung eines Rechtsgeschäfts zu befassen, solange nicht alle Möglichkeiten eines von vornherein gültigen Vertragsabschlusses untersucht worden sind. Denn wenn das Rechtsgeschäft bereits gültig ist, kommt es auf die Frage der Genehmigung überhaupt nicht mehr an. Ein beliebtes Problem ist die Frage, ob ein Rechtsgeschäft i. S. v. § 107 BGB lediglich rechtlich vorteilhaft ist. Beim Erwerb einer Sache ist das nur der Fall, wenn sich eine mögliche Haftung des Minderjährigen auf die erworbene Sache beschränkt. Daher ist z. B. der Erwerb einer Eigentumswohnung rechtlich nicht nur vorteilhaft, da der Erwerber auch Mitglied der Wohnungseigentümergemeinschaft wird und deshalb z. B. nach § 16 Abs. 2 WEG haftet (BGH, NJW 2010, 3643).

b) Prüfung der Einhaltung der erforderlichen Form

14 Der in Klausuren und in der Praxis wohl am häufigsten vorkommende Fall der Nichtigkeit eines Rechtsgeschäfts ist die Nichtbeachtung der erforderlichen Form (§ 125 BGB). Dieses Problem kann nicht nur im Rahmen der Frage nach einem vertraglichen Erfüllungsanspruch eingebaut werden, sondern ist häufig auch Gegenstand von Klausuren, bei denen Rückabwicklungsansprüche (z. B. § 812 BGB) zu prüfen sind.

15 **Übersicht 3**

Prüfung der Einhaltung der erforderlichen Form
1. Feststellen eines eventuellen Formerfordernisses
   - Grundstückskaufvertrag (§ 311 b Abs. 1 BGB)
   - Schenkung (§ 518 Abs. 1 BGB)
   - Kündigung von Mietverträgen über Wohnraum (§ 568 Abs. 1 BGB)
   - Kündigung von Arbeitsverträgen (§ 623 BGB)
   - Abschluss von Aufhebungsverträgen im Arbeitsrecht (§ 623 BGB)
   - Bürgschaftserklärung eines Bürgen (§ 766 Satz 1 BGB)
   - Übertragung von Grundstückseigentum (§§ 873 Abs. 2, 925 Abs. 1 BGB)
   - Bestellung von Grundpfandrechten (§ 873 Abs. 2 BGB)
   - Verbraucherdarlehensvertrag (§ 492 BGB)

- Abschluss des Vertrages über einen Teilzeit-Wohnrechtevertrag (§§ 484 Abs. 1, 485 BGB)
- Zahlungsaufschub und sonstige Finanzierungshilfen (§ 506 Abs. 1 BGB)
- Abschluss von Ratenlieferungsverträgen (§ 510 Abs. 2 und 3 BGB)
- Gewillkürte Form (§ 127 BGB)
2. Beachtung von Anforderungen bezüglich der vorgeschriebenen Form
- Schriftform (§ 126 BGB)
- Elektronische Form (§§ 126 Abs. 3, 126 a BGB)
- Textform (§ 126 b BGB)
- Öffentliche Beglaubigung (§ 129 BGB)
- Notarielle Beurkundung (§ 128 BGB)
3. Heilungsmöglichkeiten bei Nichtbeachtung der Form
- § 311 b Abs. 1 Satz 2 BGB
- § 494 Abs. 2 Satz 1 BGB
- § 502 Abs. 3 Satz 2 BGB
- § 518 Abs. 2 BGB
- § 766 Satz 2 BGB

Nicht übersehen werden darf bei der Lösung, dass in manchen Vorschriften **16** eine Heilung der nichtbeachteten Form vorgesehen ist, wenn der mit dem Rechtsgeschäft beabsichtigte Erfolg tatsächlich eingetreten ist. Wichtigster Fall ist die Eintragung des Käufers eines Grundstückes als Eigentümer im Grundbuch (§ 311 b Abs. 1 Satz 2 BGB).

■ Fall 1

Grund will Schlawiner sein Grundstück verkaufen. Schlawiner akzeptiert **17** zwar den Preis von 200.000,– € als angemessen, schlägt jedoch vor, den Preis „offiziell" auf 150.000,– € festzulegen, damit er Grunderwerbssteuer sowie Notar- und Gerichtskosten spare. Grund ist einverstanden. Deshalb wird beim Notar ein Kaufvertrag mit einem Kaufpreis von 150.000,– € geschlossen. Mündlich verpflichtet sich Schlawiner jedoch, für das Grundstück 200.000,– € an Grund zu zahlen.

a) Hat Grund Anspruch auf Zahlung von 200.000,– €?
b) Wie ist die Rechtslage, wenn Schlawiner als Eigentümer in das Grundbuch eingetragen worden ist?

Lösung:

Frage a)

Grund könnte gegen Schlawiner ein Anspruch auf Zahlung von 200.000,– € gem. § 433 Abs. 2 BGB zustehen.

Voraussetzung hierfür ist, dass die Parteien einen wirksamen Kaufvertrag über das Grundstück abgeschlossen haben. Ein Kaufvertrag kommt durch zwei übereinstimmende Willenserklärungen, Angebot und Annahme i. S. v. § 145 BGB, zu Stande. Diese Willenserklärungen liegen hier vor. Diese Erklärungen könnten jedoch unwirksam sein, wenn ein Nichtigkeitsgrund vorliegt.

Gem. § 125 BGB sind Willenserklärungen dann nichtig, wenn nicht die erforderliche Form eingehalten wurde.

Fraglich ist deshalb, ob die Erklärungen formwirksam sind. Gem. § 311 b Abs. 1 Satz 1 BGB bedürfen Verträge, durch die sich ein Teil verpflichtet, Eigentum an einem Grundstück zu übertragen, der notariellen Beurkundung. Zwar haben die Parteien einen notariellen Kaufvertrag abgeschlossen. Dieser belief sich jedoch auf einen Kaufpreis von 150.000,– €. Diese Erklärung ist aber nur zum Schein abgegeben worden und damit nichtig (§ 117 Abs. 1 BGB). Da dieses Geschäft aber den Verkauf über 200.000,– € verdecken sollte, ist auch noch dieser Vertrag zu untersuchen, weil gem. § 117 Abs. 2 BGB auf das verdeckte Rechtsgeschäft abzustellen ist. Die Erklärung, 200.000,– € zahlen zu wollen, erfolgte allerdings lediglich mündlich. Damit fehlt es an der gem. § 311 b Abs. 1 Satz 1 BGB vorgeschriebenen Form.

Grund kann deshalb nicht von Schlawiner Zahlung von 200.000,– € gem. § 433 Abs. 2 BGB verlangen.

Frage b)

Grund könnte gegen Schlawiner Zahlung von 200.000,– € gem. § 433 Abs. 2 BGB verlangen.

Voraussetzung hierfür ist der Abschluss eines wirksamen Kaufvertrages zwischen Grund und Schlawiner. Wie bereits unter a) dargestellt liegt ein solcher nicht vor, da dieser nicht der gem. § 311 b Abs. 1 Satz 1 BGB erforderlichen Form entspricht. Fraglich ist aber, ob eine Heilung dieses Formfehlers nach § 311 b Abs. 1 Satz 2 BGB eingetreten ist. Diese setzt die Eintragung des Käufers in das Grundbuch voraus. Schlawiner ist als Eigentümer in das Grundbuch eingetragen worden. Damit gilt der Kaufvertrag über 200.000,– € als für die Zukunft wirksam.

Folglich kann Grund ab Eintragung des Schlawiner als Eigentümer im Grundbuch von ihm Zahlung von 200.000,– € gem. § 433 Abs. 2 BGB verlangen.

c) Wirksamwerden bei Einschaltung eines Stellvertreters

18 Die Frage, ob die von einem Stellvertreter abgegebene Willenserklärung für und gegen den Geschäftsherrn wirkt, ist in Klausur und späterer Praxis von herausragender Bedeutung. Die Voraussetzungen der §§ 164 ff. BGB werden nicht nur in BGB-Klausuren abgeprüft, sondern ihre sichere Beherrschung wird auch in Klausuren zum Handels- und Gesellschaftsrecht vorausgesetzt. Aufhänger für die Prüfung ist dabei regelmäßig die Frage, ob zwischen Anspruchsteller und Anspruchsgegner überhaupt ein Vertrag zu Stande gekommen ist.

Teilweise haben sich die Bearbeiter von Klausuren mit der Frage auseinanderzusetzen, ob ein Minderjähriger Stellvertreter sein kann. Dies ist gem. § 165 BGB möglich. Allerdings ist für Minderjährige, die ohne die erforderliche Vollmacht gehandelt haben, die Haftung des Vertreters ohne Vertretungsmacht (§ 179 BGB) eingeschränkt (vgl. § 179 Abs. 3 BGB).

Weiterhin können in der Klausur Probleme im Zusammenhang mit § 166 BGB eingebaut werden. Dieser regelt zunächst die Folgen von Fehlern, die dem Vertreter bei der Abgabe der Willenserklärungen unterlaufen. Grundsätzlich führen diese, soweit sie einen Anfechtungsgrund i.S.d. §§ 119 ff. BGB darstellen, zu einem Anfechtungsrecht des Vertretenen. Dieses kann allerdings unter den Voraussetzungen des § 166 Abs. 2 BGB ausgeschlossen sein, wenn der Stellvertreter nach Weisungen des Vertretenen gehandelt hat. Des Weiteren regelt § 166 BGB, dass es für die Kenntnis oder Unkenntnis bestimmter Umstände beim Abschluss eines Rechtsgeschäfts (z. B. für den guten Glauben i. S. d. § 932 BGB) grundsätzlich auf die Person des Stellvertreters ankommt. Auch hier regelt § 166 Abs. 2 BGB Ausnahmen.

Übersicht 4   19

§§ 164 ff. BGB – Wirksamkeit einer Stellvertretung
1. Eigene Willenserklärung des Stellvertreters
   → Abgrenzung zur Botenschaft
2. Im Namen des Vertretenen (Offenkundigkeitsprinzip)
3. Vertretungsmacht
   – Rechtsgeschäftliche Vertretung (Vollmacht, § 166 Abs. 2 BGB)
   • Innenvollmacht (§ 167 Abs. 1 1. Fall BGB)
   • Außenvollmacht (§ 167 Abs. 1 2. Fall BGB)
   • Prokura (§§ 48 ff. HGB)
   • Handlungsvollmacht (§ 54 HGB)
   – Gesetzliche Vertretung
   • Eltern (§§ 1626, 1629 BGB)
   • Vormund (§ 1793 BGB)
   • Betreuer (§ 1902 BGB)
   • Pfleger (§§ 1909 i. V. m. 1793 BGB)
   – Organschaftliche Vertretung
   • Verein (§ 26 Abs. 2 BGB)
   • oHG (§ 125 HGB)
   • KG (§§ 161 Abs. 2, 125 HGB)
   • GmbH (§ 35 GmbHG)
   • AG (§ 78 AktG)
   • eG (§ 24 GenG)
   – Vollmacht kraft Rechtsschein
   • Duldungsvollmacht
   • Anscheinsvollmacht
4. Genehmigung des Geschäftsherrn, soweit keine Vertretungsmacht (§ 177 BGB)
5. Keine Unzulässigkeit der Stellvertretung
   – Höchstpersönliche Rechtsgeschäfte
   • Eheschließung (§ 1311 BGB)
   • Testamentserrichtung (§ 2064 BGB)
   – Fälle des nicht gestatteten Selbstkontrahierens (§ 181 BGB)

20 Bei der Prüfung sind die Punkte 1 bis 3 immer anzusprechen, weil sich diese Anforderungen direkt aus dem Gesetz ergeben. Anderenfalls läge keine umfassende Subsumtion vor.

Bezüglich des Handelns in fremdem Namen ist zu beachten, dass die Wirkungen seiner Erklärung den Vertreter selbst treffen, wenn er nicht hinreichend deutlich gemacht hat, dass er für einen anderen handeln will. Eine Anfechtung wegen Irrtums ist für den Vertreter insoweit nicht möglich. Abzugrenzen ist das Handeln in fremdem Namen vom Handeln unter fremdem Namen, d. h. wenn jemand für den Abschluss eines Rechtsgeschäfts nicht den eigenen Namen verwendet. Soweit die Person des Verragspartners keine Rolle spielt, liegt ein Eigengeschäft des Handelnden vor. Anderenfalls liegt ein Fremdgeschäft mit dem tatsächlichen Träger des Namens vor, für dessen Gültigkeit es dann auf das Vorliegen einer Vertretungsmacht ankommt.

21 Hauptproblem in einer Stellvertretungsklausur wird regelmäßig das Vorliegen der Vertretungsmacht sein. Insoweit können insbesondere die Fälle relevant werden, in denen die Willenserklärung eines Vertreters dem Vertretenen zugerechnet wird, ohne dass er ausdrücklich Vollmacht erteilt hat. Wenn jemand wiederholt als Vertreter auftritt, dies dem Vertretenen bekannt ist und Letzterer dagegen nichts unternimmt, liegt eine sog. **Duldungsvollmacht** vor. Kennt der Vertretene dagegen das Auftreten des Vertreters nicht, hätte es aber kennen und verhindern können, spricht man von einer sog. **Anscheinsvollmacht.** In beiden Fällen wird das Handeln des Vertreters dem Vertretenen zugerechnet, sofern dem Geschäftspartner der Mangel der Vertretungsmacht nicht bekannt war oder hätte bekannt sein müssen.

22 Punkt 4 ist nur relevant, wenn bei der vorherigen Prüfung das Vorliegen einer Vertretungsmacht verneint wurde. Zu Punkt 5 ist nur etwas zu sagen, wenn sich aus dem Sachverhalt entsprechende Hinweise ergeben.

Der Prüfungsablauf ist auch einschlägig, wenn nicht oder nicht nur nach einem Erfüllungsanspruch gefragt ist, sondern es um den **Anspruch des Dritten gegen den vollmachtlosen Vertreter gemäß § 179 BGB** geht. Dieser verlangt nämlich, dass jemand als Vertreter aufgetreten ist (Prüfungspunkte 1 und 2), keine Vertretungsmacht (Prüfungspunkt 3) nachweisen kann und dass der Geschäftsherr die Genehmigung des Vertrages verweigert hat (Prüfungspunkt 4).

Relevant wird die Anscheinsvollmacht neuerdings besonders im Zusammenhang mit Online-Aktivitäten. Dabei stellt sich die Frage, inwieweit die missbräuchliche Verwendung von Zugangsdaten durch Dritte dem Berechtigten zugerechnet werden kann. Nach der Rechtsprechung ist dies der Fall, wenn der Berechtigte die Daten unbefugt weitergegeben hat oder die Erlangung seitens des Dritten durch unsichere Aufbewahrung begünstigt hat (OLG Schleswig, CR 2011, 52 für Online-Banking; BGH, WM 2011, 1148 für Nutzung eines Ebay-Accounts).

■ **Fall 2**

Frau Schön ist Angestellte des Modehauses Pfeil in Blauheim. Um die neuesten Trends für die Sommersaison 2016 nicht zu verpassen, wird Schön im Herbst 2015 auf die Modemesse nach Paris geschickt. Unter anderem soll sie bei der Firma Nice Dress 10 Abendkleider des Modells Dolly in maisgelb kaufen. Im Übrigen soll sie lediglich den Markt sondieren und der Geschäftsleitung Bericht erstatten. Auf der Messe ist Schön aber von dem Modell Dolly so angetan, dass sie davon 15 Abendkleider statt 10 für das Modehaus Pfeil bestellt.

23

Pfeil lehnt die Abnahme der 15 Abendkleider ab.

a) Muss Pfeil die Rechnung von Nice Dress bezahlen?

b) Abwandlung: Schön kauft auf der Messe auch noch 100 Bikinis des Designers Lagerwald im Namen des Pfeil: Von wem kann Lagerwald Zahlung der Bikinis verlangen, wenn Pfeil auch die Abnahme der Bikinis verweigert?

Lösung:

Frage a)

Nice Dress könnte gegen Pfeil einen Anspruch auf Zahlung gemäß § 433 Abs. 2 BGB haben. Dazu müsste zunächst ein wirksamer Kaufvertrag zwischen Nice Dress und Pfeil zu Stande gekommen sein. Das wäre der Fall, wenn zwei übereinstimmende Willenserklärungen von Pfeil und Nice Dress bezüglich des Kaufes von 15 Kleidern Modell Dolly abgegeben worden wären. Eine Willenserklärung des Nice Dress liegt vor. Problematisch ist, ob Pfeil eine Willenserklärung abgegeben hat. Persönlich hat er keine Willenserklärung abgegeben. Ihm könnte jedoch die Willenserklärung der Schön zugerechnet werden. Dazu müsste diese den Pfeil wirksam i. S. v. § 164 Abs. 1 BGB vertreten haben.

Dazu ist zunächst erforderlich, dass Schön eine eigene Willenserklärung abgegeben hat. Das ist der Fall, da sie nicht lediglich eine Willenserklärung von Pfeil übermittelt hat, sondern über den Preis entscheiden konnte.

Ferner müsste sie diese Willenserklärung in fremdem Namen abgegeben haben. Dies trifft ebenfalls zu, da sie erklärt hat, für Pfeil zu handeln.

Letzte Voraussetzung ist, dass Schön mit Vertretungsmacht gehandelt hat. Es könnte ein Fall rechtsgeschäftlicher Vertretungsmacht nach § 167 Abs. 1 BGB (Vollmacht) vorliegen. Schön war von Pfeil beauftragt worden, 10 Kleider des Modells Dolly zu ordern. Sie hat aber 15 Kleider bestellt; damit ist sie über die erteilte Vertretungsmacht hinausgegangen. Dieser Fall wird nach herrschender Meinung so behandelt, als hätte für das gesamte Geschäft die Vollmacht gefehlt. Damit hat die Schön keine Vollmacht für die Vertretung des Pfeil.

Die Voraussetzungen des § 164 Abs. 1 BGB liegen somit an sich nicht vor. Der von Schön geschlossene Vertrag würde deswegen nur gegen Pfeil wirken, wenn Pfeil ihn nach § 177 BGB genehmigt hätte. Da Pfeil die Annahme der

15 Abendkleider ablehnt, ist dies nicht der Fall. Damit ist zwischen Nice Dress und Pfeil kein Vertrag zu Stande gekommen. Damit hat die Fa. Nice Dress keinen Anspruch gemäß § 433 Abs. 2 BGB. Pfeil muss deshalb die Rechnung bezahlen.

Zu beachten ist aber, dass Pfeil gem. § 1 HGB ein Handelsgewerbe betreibt – also Kaufmann ist – und Frau Schön Angestellte ist. Nach § 54 Abs. 1 HGB ist jede Vollmacht, die im Rahmen eines Handelsgewerbes erteilt wird, Handlungsvollmacht. Schön hatte damit Handlungsvollmacht in Form der Spezialvollmacht, da sie ein einzelnes Geschäft vornehmen sollte. Nach § 54 Abs. 3 HGB sind weitergehende Beschränkungen im Außenverhältnis unwirksam. Damit handelte Schön hier mit Vertretungsmacht.

Frage b)

1. Ansprüche gegen Pfeil

Ein Anspruch des Lagerwald gegen Pfeil könnte sich aus § 433 Abs. 2 BGB ergeben. Dazu müsste ein wirksamer Kaufvertrag zwischen Lagerwald und Pfeil zustande gekommen sein. Das wäre der Fall, wenn zwei übereinstimmende Willenserklärungen von Pfeil und Lagerwald bezüglich der Bikinis abgegeben worden wären. Problematisch ist hier wiederum nur die Willenserklärung des Pfeil. Eine solche läge nur dann vor, wenn er von Schön wirksam gem. § 164 Abs. 1 BGB vertreten worden wäre (vgl. oben Frage a)). Wie bei Frage a) ist nur das Vorliegen der Vertretungsmacht problematisch. Eine Vollmacht wurde Schön für den Kauf der Bikinis nicht erteilt. Auch über § 54 HGB ergibt sich nichts anderes, da Schön nur Spezialvollmacht für die Abendkleider erhalten hatte. Also handelte Schön ohne Vertretungsmacht. Deshalb bestünde der Anspruch nur dann, wenn Pfeil das Geschäft genehmigt hätte (§ 177 BGB). Das ist jedoch nicht der Fall, sodass Lagerwald gegenüber Pfeil keine Ansprüche bezüglich der Bikinis zustehen.

2. Ansprüche gegen Schön

a) Anspruch aus § 433 Abs. 2 BGB

Lagerwald könnte einen Anspruch auf Bezahlung der Bikinis aus § 433 Abs. 2 BGB gegen Schön haben. Dazu müsste zwischen Lagerwald und Schön ein Kaufvertrag geschlossen worden sein. Ein solcher Kaufvertrag setzt zwei übereinstimmende Willenserklärungen voraus. Wie oben ausgeführt, gab die Schön die entsprechende Willenserklärung bezüglich der Bikinis aber nicht im eigenen Namen, sondern im Namen des Pfeil ab. Somit scheidet eine eigene Verpflichtung der Schön i. S. v. § 433 Abs. 2 BGB aus.

b) Anspruch aus § 179 Abs. 1 BGB

Lagerwald könnte gegen Schön aber einen Anspruch aus § 179 Abs. 1 BGB haben.

Dazu müsste Schön als Vertreterin ohne Vertretungsmacht gehandelt haben. Wie oben dargestellt, ist das der Fall.

Weitere Voraussetzung ist, dass der Geschäftsherr das Geschäft nicht gem. § 177 BGB genehmigt hat. Wie ebenfalls bereits oben gezeigt, wollte hat Pfeil die Genehmigung also verweigern.

Schließlich dürfte der Anspruch auch nicht nach § 179 Abs. 2 oder Abs. 3 BGB ausgeschlossen sein. Anhaltspunkte hierfür liegen nicht vor.

Damit sind die Voraussetzungen des § 179 Abs. 1 BGB erfüllt, d.h. Lagerwald hat einen Anspruch gegen Schön. Nach seiner Wahl kann er entweder verlangen, dass Schön die Bikinis abnimmt und bezahlt oder ihm den entstandenen Nichterfüllungsschaden ersetzt.

d) Verhinderung des Wirksamwerdens durch Ausübung eines Widerrufsrechts

Die in den letzten Jahren entstandenen Verbraucherschutzgesetze sehen ein **24** Widerrufsrecht des Verbrauchers bei bestimmten Verträgen vor. Dogmatisch bedeutet die Einräumung eines Widerrufsrechts, dass die Willenserklärung, solange die Widerrufsfrist läuft, noch nicht endgültig wirksam ist, sondern durch ordnungsgemäße Ausübung des Widerrufsrechts beseitigt werden kann.

Übersicht 5 **25**

Verhinderung des Wirksamwerdens durch Ausübung eines Verbraucherwiderrufsrechts
1. Bestehen eines Widerrufsrechts
   - Vertragliche Abrede
   - Gesetzliche Bestimmungen (§ 355 BGB)
     - Außerhalb von Geschäftsräumen geschlossene Verträge (§§ 312 g Abs. 1, 312 b BGB)
     - Fernabsatzverträge (§§ 312 g Abs. 1, 312 c BGB)
     - Teilzeit-Wohnrechteverträge (§§ 485 Abs. 1, 481 BGB)
     - Verbraucherdarlehensverträge (§§ 495 Abs. 1, 492 BGB)
     - Zahlungsaufschub/Finanzierungshilfen (§ 506 i.V.m. § 495 BGB)
     - Ratenlieferungsverträge (§ 510 Abs. 2 BGB)
2. Widerrufserklärung (§ 355 Abs. 1 Satz 2 BGB)
3. Einhaltung der Widerrufsfrist)
   - Beginn der Widerrufsfrist
     - mit Vertragsschluss (§ 355 Abs. 2 Satz 2 BGB)
     - mit Erhalt der Ware bei außerhalb von Geschäftsräumen abgeschlossenen Verträgen und Fernabsatzverträgen (§ 356 Abs. 2 Nr. 1 BGB)
     - nicht vor ordnungsgemäßer Unterrichtung gemäß Art. 246a § 1 Abs. 2 Satz 1 Nr. 1 oder Art. 246b § 2 Abs. 1 EGBGB (§§ 356 Abs. 2, 356 a Abs. 3 BGB) oder den in § 356b und § 356c BGB genannten Zeitpunkten
   - Widerrufsfrist von 14 Tagen darf nicht abgelaufen sein (§ 355 Abs. 2 Satz 1)
4. Kein Ausschluss des Widerrufsrechts durch Ablauf der Frist von 12 Monaten und 14 Tagen (§§ 356 Abs. 3 Satz 2; gilt nach S. 3 nicht für Finanzdienstleistungen,

> 356 a Abs. 2 Satz 3, 356 a Abs. 3 Satz 2, 356 c Abs. 2 Satz 2 BGB oder andere
> Gründe, z. B. § 356 Abs. 5 BGB

26 Unabdingbare Voraussetzung für die Anwendung des vorstehenden Prüfungs-
schemas ist die sichere Beherrschung der Anwendungsbereiche der vorgenannten Vertragstypen (vgl. die Begriffsbestimmungen im Glossar), bei denen
ein Widerrufsrecht besteht. Dabei ist auch auf § 312 BGB zu achten, der den
Anwendungsbereich von Verbraucherverträgen näher bestimmt. Weiter ist darauf hinzuweisen, dass der § 355 BGB keine einheitlichen Regelungen für alle
Verträge, die ein Verbraucherwiderrufsrecht begründen, enthält, sondern je
nach Vertragsinhalt Sonderregelungen zur Anwendung kommen können.

27 Bezüglich Punkt 3 ist darauf hinzuweisen, dass die Widerrufsfrist grundsätzlich nur zu laufen beginnt, wenn der Verbraucher ordnungsgemäß über sein
Widerrufsrecht belehrt wurde (z. B. § 356 Abs. 3 Satz 1 BGB). Ein Muster für
die ordnungsgemäße Widerrufsbelehrung findet sich als Anlage 3 zu
Art. 246 b § 2 Abs. 3 EGBGB. Anders als nach der Rechtslage vor dem 1.6.2014
gibt es kein ewiges Widerrufsrecht mehr, sondern dieses erlischt 12 Monate
und 14 Tage nach Vertragsschluss (vgl. z. B. § 356 Abs. 3 Satz 2 oder § 356 a
Abs. 2 Satz 2 BGB). Etwas anderes gilt lediglich für Finanzdienstleistungen,
bei denen das ewige Widerrufsrecht noch existiert (vgl. § 356 Abs. 3 Satz 2
BGB).

28 Die Rückabwicklung des Vertrages richtet sich nach **§ 355 Abs. 3 BGB**, der einen eigenständigen Rückgewähranspruch bezüglich der erhaltenen Leistungen begründet, und Sondervorschriften, wie z. B. § 357 BGB. § 357 BGB regelt
auch, dass der Verbraucher bei entsprechender Belehrung die Kosten der
Rücksendung der Ware trägt, sofern der Unternehmer die Kostenübernahme
durch ihn nicht ausdrücklich erklärt hat (§ 356 Abs. 6 BGB). Unter welchen
Voraussetzungen Ersatz für einen Wertverlust der Ware zu leisten ist, regelt
§ 357 Abs. 7 BGB. Danach haftet der Verbraucher nur für Wertverluste, die auf
eine Nutzung zurückzuführen sind, welche über eine erforderliche Prüfung
der Ware hinausgeht, und nur, wenn der Unternehmer den Verbraucher auf
diese Möglichkeit hingewiesen hat.

Ein etwaiges Widerrufsrecht kann auch dann geltend gemacht werden, wenn
der Vertrag schon aus anderen Gründen unwirksam ist. So hat der BGH bezüglich des Kaufs eines Radarwarngerätes den Widerruf zugelassen, obwohl
er den Vertrag bereits wegen § 138 BGB als nichtig angesehen hat (BGH, NJW
2009, 3780; ausführlich zur Problematik Herbert, JZ 2011, 503 ff.).

■ **Fall 3**

29 Unternehmer Fuchs lud die Bewohner eines Altenheims zu einer Kaffeefahrt
nach Belgien mit Werbe- und Verkaufsveranstaltung gegen einen Unkosten-
beitrag von 20,– € pro Person ein. Angeboten wurde eine Stadtrundfahrt in
Brüssel, ein Mittagessen, der kostenlose Besuch des Botanischen Gartens und
eine Kaffeetafel. Nach dem Kaffeetrinken wurde den Senioren ein Warensor-

timent vorgeführt und zum Kauf angeboten. Dabei eröffnete der Verkaufsleiter die Veranstaltung mit den Worten: „Sie wissen wohl, dass diese Reise pro Person mindestens das 10-fache wert ist und dass es eine Frage des Anstandes ist, jetzt bei diesen Schnäppchen anständig zuzugreifen." Rentner Rüstig kauft daraufhin mit mündlichem Kaufvertrag einen „Supertoaster" für 50,– €. 6 Wochen später stellt er fest, dass das Gerät im Elektrogeschäft nur 15,– € kostet und erklärt per Fax an Fuchs, dass er den Vertrag widerrufe.

Kann Rüstig gegen Rückgabe des Toasters sein Geld zurückverlangen?

Lösung:

1. Anspruch aus § 346 Abs. 1 BGB

Rüstig könnte einen Anspruch auf Rückzahlung des Geldes aus § 346 BGB haben.

Dazu müsste Rüstig vom Vertrag mit Fuchs zurückgetreten sein. Voraussetzung ist zunächst, dass ein Rücktrittsgrund vorliegt. Es ist jedoch weder ersichtlich, dass vertraglich ein Rücktrittsrecht vereinbart war, noch, dass ein gesetzlicher Rücktritt in Betracht kommt. Damit scheidet ein Anspruch aus § 346 Abs. 1 BGB aus.

2. Anspruch § 357 Abs. 1 Satz 1 BGB

Ein Anspruch auf Rückzahlung des Kaufpreises könnte sich aber dann ergeben, wenn Rüstig ein Verbraucherwiderrufsrecht nach § 355 BGB wirksam geltend machen könnte, weil gem. § 357 Abs. 1 BGB die empfangenen Leistungen zurückzugewähren sind.

a) Dazu müsste zunächst ein Widerrufsrecht des Rüstig bestanden haben. Ein solches könnte sich aus § 312 g BGB ergeben. Dazu müsste § 312 g BGB grundsätzlich anwendbar sein und ein außerhalb von Geschäftsräumen geschlossener Vertrag vorliegen.

Damit § 312 g BGB anwendbar ist, müsste zunächst ein Vertrag zwischen einem Unternehmer und einem Verbraucher vorliegen. Dies ist der Fall, da Fuchs Unternehmer i. S. v. § 14 BGB und Rüstig Verbraucher i. S. v. § 13 BGB ist.

Weiter müsste der Vertrag eine entgeltliche Leistung zum Gegenstand haben, und es dürfte kein Fall des § 312 Abs. 2 BGB vorliegen. Ein Kaufvertrag ist ein Vertrag, der eine entgeltliche Leistung zum Gegenstand hat. Es liegt auch kein Fall des § 312 Abs. 2 BGB vor, da insbesondere § 312 Abs. 2 Nr. 12 BGB nicht eingreift, weil der Kaufgegenstand mehr als 40 € gekostet hat. Damit ist § 312 g grundsätzlich anwendbar.

Weiter müsste aber ein außerhalb von Geschäftsräumen geschlossener Vertrag vorliegen. Der Vertrag wurde anlässlich einer vom Unternehmer zumindest mit durchgeführten Freizeitveranstaltung/Ausflug, nämlich der Kaffeefahrt, geschlossen. Damit liegt ein außerhalb von Geschäftsräumen abgeschlossener

Vertrag nach § 312 b Abs. 1 Satz 1 Nr. 4 BGB vor und Rüstig hätte ein Widerrufsrecht nach § 355 BGB.

b)   Weitere Voraussetzung für einen wirksamen Widerruf ist, dass Rüstig den Widerruf im Sinne von § 355 Abs. 1 Satz 2 BGB ordnungsgemäß erklärt hat. Dies ist der Fall, da Rüstig den Widerruf per Fax ausdrücklich gegenüber Fuchs erklärt hat.

c)   Fraglich ist, ob Rüstig das Widerrufsrecht rechtzeitig geltend gemacht hat. Grundsätzlich ist der Widerruf nach § 355 Abs. 1 Satz 2 i. V. m. Abs. 2 BGB innerhalb von 14 Tagen nach Vertragsabschluss zu erklären. Diese Frist wäre hier abgelaufen. Nach § 356 Abs. 2 BGB beginnt bei Verbrauchsgüterkäufen die Frist jedoch erst zu laufen, wenn der Verbraucher die Ware erhalten hat. Rüstig hat die Ware sofort bei dem Ausflug erhalten. Damit ist auch, wenn man den Erhalt der Ware zugrunde legt, die Frist abgelaufen. Jedoch ist noch § 356 Abs. 3 BGB zu beachten. Danach beginnt die Widerrufsfrist nicht zu laufen, wenn der Verbraucher nicht gemäß den Anforderungen des Art. 246 a § 1 Abs. 2 Satz 1 Nr. 1 oder Art. 246 b § 2 Abs. 1 EGBGB unterrichtet wurde. Eine solche Unterrichtung enthielt der Vertrag mit Rüstig offensichtlich nicht, da der Vertrag mündlich abgeschlossen worden ist. Damit kann Rüstig seinen Widerruf noch erklären.

d)   Allerdings könnte das Widerrufsrecht an § 356 Abs. 3 Satz 2 BGB scheitern. Danach erlischt das Widerrufsrecht spätestens 1 Jahr und 14 Tage nach Vertragsschluss. Dieser Zeitraum ist hier aber noch nicht abgelaufen. Damit bleibt es bei der Möglichkeit des Rüstig, das Geschäft mit Fuchs zu widerrufen.

Damit ist der Widerruf des Rüstig wirksam

Rüstig kann deshalb gemäß § 357 Abs. 1 BGB den Kaufpreis für den Toaster zurückverlangen.

3.   Anspruch aus § 812 Abs. 1 Satz 1 1. Fall BGB

Ein Anspruch auf Rückzahlung des Geldes könnte sich weiterhin aus § 812 Abs. 1 Satz 1 1. Fall BGB ergeben. Dazu müsste Fuchs etwas durch eine Leistung des Rüstig ohne rechtlichen Grund erlangt haben.

Etwas i. S. v. § 812 BGB ist jeder Vermögensvorteil. Fuchs hat den Kaufpreis erhalten. Darin liegt ein Vermögensvorteil.

Dies müsste durch Leistung des Rüstig geschehen sein. Darunter versteht man jede bewusste und zweckgerichtete Vermehrung fremden Vermögens. Rüstig hat die Zahlung aufgrund des Kaufvertrages vorgenommen. Damit liegt auch eine Leistung des Rüstig vor.

Fraglich ist, ob Rüstig den Kaufpreis ohne rechtlichen Grund gezahlt hat. Zum Zeitpunkt der Zahlung lag an sich ein gültiger Kaufvertrag zwischen Fuchs und Rüstig vor. Allerdings könnte dieser Kaufvertrag nichtig sein. Als Nichtigkeitsgrund kommt § 138 Abs. 1 oder Abs. 2 BGB in Betracht. Sittenwidrig i. S. v. § 138 Abs. 2 BGB (Wucher) sind Rechtsgeschäfte, sofern der eine

Teil eine besondere Lage des anderen Teils ausnutzt und sich eine Leistung versprechen lässt, die im groben Missverhältnis zu seiner eigenen Leistung steht. Ein grobes Missverhältnis zwischen Leistung und Gegenleistung kann hier bei einem um mehr als 300 % überteuerten Preis angenommen werden. Fraglich ist, ob auch die besondere Zwangslage, die § 138 Abs. 2 BGB erfordert, vorliegt. Dies ist zu bejahen, da aufgrund der besonderen Situation in der Verkaufsveranstaltung und des moralischen Appells, mit dem Fuchs auf die Teilnehmer Druck ausgeübt hat, eine freie Willensentscheidung nicht mehr möglich war, sodass ein Ausnutzen einer erheblichen Willensschwäche oder zumindest eines Mangels an Urteilsvermögen vorliegt.

Damit ist das Rechtsgeschäft zwischen Fuchs und Rüstig nach § 138 Abs. 2 BGB nichtig. Ein rechtlicher Grund für die Zahlung des Rüstig an Fuchs liegt somit nicht vor, sodass Rüstig auch über § 812 Abs. 1 Satz 1 1. Fall BGB den gezahlten Kaufpreis zurückverlangen kann.

■ Fall 4

Wachtmann betreibt einen Laden für Unterhaltungselektronik, in dem er **30** Fernseher, DVD-Player, Computer u. Ä. verkauft. Seit einiger Zeit inseriert er regelmäßig in der örtlichen Tageszeitung. Die Anzeige enthält die Adresse des Ladengeschäftes, die Telefon- bzw. Faxnummer und eine E-Mail-Adresse sowie eine Aufzählung der von Wachtmann angebotenen Waren und Leistungen. Außerdem enthält die Anzeige folgenden Hinweis: „Unser neuester Service: Bestellen Sie bei uns per Telefon, Fax oder E-Mail. Der gewünschte Artikel wird innerhalb von drei Tagen ausgeliefert oder zur Abholung in unserem Laden bereitgestellt."

Schlafkind bestellt am 25.3.2015 bei Wachtmann per E-Mail einen Laptop mit DVD-Laufwerk. Nach Lieferung des Laptops am 28.3.2015 probiert er das Gerät einige Tage aus. Wachtmann hatte Schlafkind unter anderem wie folgt über sein Widerrufsrecht belehrt: „Sie können ihre Vertragserklärung innerhalb von 14 Tagen ohne Angabe von Gründen schriftlich widerrufen (...)". Schlafkind ist mit dem Laptop nicht zufrieden, da er wegen der Größe des Bildschirms auf dem Laptop abgespielte Filme von DVDs kaum erkennen kann. Er erscheint deshalb am 20.4.2015 bei Wachtmann mit der Bitte, das Gerät zurückzunehmen. Zur Begründung verweist er darauf, dass er gelesen habe, Verbraucher könnten per E-Mail bestellte Sachen innerhalb von drei Wochen zurückgeben. Wachtmann verweigert die Rücknahme mit dem Argument, dass die Frist für eine Aufkündigung abgelaufen sei und das entsprechende Recht sowieso erloschen sei, da Schlafkind die für das DVD-Laufwerk mitgelieferte Treibersoftware entsiegelt habe. Er verlangt seinerseits Zahlung des Kaufpreises, den Schlafkind bisher nicht beglichen hat.

Kann Wachtmann Zahlung des Kaufpreises für den Laptop verlangen?

Lösung:

Wachtmann könnte gem. § 433 Abs. 2 BGB Zahlung des Kaufpreises für den Laptop von Schlafkind verlangen. Voraussetzung hierfür ist, dass Wachtmann und Schlafkind einen Kaufvertrag über den Laptop geschlossen haben. Ein solcher Kaufvertrag setzt das Vorliegen von zwei übereinstimmenden Willenserklärungen, nämlich Angebot und Annahme, voraus. Das Angebot lag in der E-Mail des Schlafkind. Die Annahme des Wachtmann erfolgte konkludent mit der Lieferung des Laptops. Somit hätte Wachtmann an sich einen Anspruch auf Zahlung des Kaufpreises.

Dieser Kaufvertrag könnte jedoch durch die Erklärung des Schlafkind, vom Vertrag Abstand nehmen zu wollen, weggefallen sein. Das wäre der Fall, wenn Schlafkind ein Widerrufsrecht gemäß §§ 355, 312 g, 312c BGB zustehen würde.

a)   Dazu müsste § 312 g BGB grundsätzlich anwendbar sein und ein Fernabsatzgeschäft vorliegen.

Damit § 312 g BGB anwendbar ist, müsste nach § 312 Abs. 1 BGB zunächst ein Vertrag zwischen einem Unternehmer und einem Verbraucher vorliegen. Dies ist der Fall, da Wachtmann Unternehmer i. S. v. § 14 BGB und Schlafkind Verbraucher i. S. v. § 13 BGB ist.

Weiter müsste der Vertrag eine entgeltliche Leistung zum Gegenstand haben und es dürfte kein Fall des § 312 Abs. 2 BGB vorliegen. Ein Kaufvertrag ist ein Vertrag, der eine entgeltliche Leistung zum Gegenstand hat. Es liegt auch kein Fall des § 312 Abs. 2 BGB vor.

Schließlich müsste es sich bei dem Kaufvertrag um ein Fernabsatzgeschäft handeln. Fernabsatzverträge sind Verträge über die Lieferung von Waren, die zwischen einem Unternehmer und einem Verbraucher unter ausschließlicher Verwendung von Fernkommunikationsmitteln abgeschlossen werden (§ 312 c Abs. 1 BGB). Fernkommunikationsmittel sind solche, die zur Anbahnung oder zum Abschluss eines Vertrages zwischen einem Verbraucher oder einem Unternehmer ohne gleichzeitige körperliche Anwesenheit der Vertragsparteien eingesetzt werden können. Was unter Fernkommunikationsmitteln zu verstehen ist, ergibt sich aus § 312 b Abs. 2 BGB. Schlafkind hat den Laptop per E-Mail bestellt. Folglich ist der Vertrag unter Verwendung von Fernkommunikationsmitteln zu Stande gekommen.

Weitere Voraussetzung für das Vorliegen eines Fernabsatzvertrages ist, dass für den Fernabsatz ein organisiertes Vertriebs- bzw. Dienstleistungssystem besteht. Zwar betreibt Wachtmann ein normales Ladengeschäft mit Publikumsverkehr. Jedoch bietet er in seinen Anzeigen den Kunden ausdrücklich einen Vertragsschluss an, ohne dass diese in seinen Laden kommen müssen. Damit hat er auch ein dem Fernabsatz dienendes Vertriebssystem installiert. Damit liegt ein Fernabsatzgeschäft vor.

Fraglich ist, ob das Widerrufsrecht ausgeschlossen ist. Ein derartiger Ausschluss könnte sich aus § 312 g Abs. 2 Nr. 6 BGB ergeben. Danach besteht u. a. dann kein Widerrufsrecht, wenn Software geliefert wurde und die gelieferten Datenträger vom Verbraucher entsiegelt wurden. Zwar hat Schlafkind die Software entsiegelt. Diese Software kann jedoch nicht isoliert betrachtet werden. Sie ist zum Betrieb des Laptops notwendig gewesen. § 312 g Abs. 2 Nr. 6 BGB zielt jedoch auf die isoliert erworbene Software ab. Außerdem spricht der Rechtsgedanke des § 357 Abs. 7 Nr. 1 BGB dafür, dass eine Rückgabe trotz Entsiegelung dann möglich sein muss, wenn diese zur Erprobung des Kaufgegenstandes notwendig war. Das war der Fall. Deshalb liegt kein Ausschlussgrund gem. § 312 g Abs. 2 Nr. 6 BGB vor.

b) Weitere Voraussetzung für einen wirksamen Widerruf ist, dass Schlafkind den Widerruf im Sinne von § 355 Abs. 1 Satz 2 BGB ordnungsgemäß erklärt hat. Dies ist der Fall, da Schlafkind den Widerruf mündlich ausdrücklich gegenüber Wachtmann erklärt hat.

c) Fraglich ist, ob Schlafkind die Widerrufsfrist gemäß § 355 Abs. 2 Satz 1 BGB von 14 Tagen eingehalten hat. Diese Widerrufsfrist beginnt gemäß § 355 Abs. 2 Satz 2 BGB grundsätzlich mit Vertragsschluss. Dieser erfolgte am 25. 3, sodass die Frist versäumt wäre. Bei Verbrauchsgüterkäufen wie hier, beginnt die Frist nach § 356 Abs. 2 BGB aber erst mit Erhalt der Ware. Auch dieser liegt aber länger als 14 Tage zurück. Es ist allerdings noch § 356 Abs. 3 BGB zu beachten. Danach beginnt die Widerrufsfrist nicht zu laufen, wenn der Verbraucher nicht gemäß den Anforderungen des Art. 246 a § 1 Abs. 2 Satz 1 Nr. 1 oder Art. 246 b § 2 Abs. 1 EGBGB unterrichtet wurde. Eine derartige Belehrung liegt zwar vor. Fraglich ist aber, ob diese ordnungsgemäß erfolgte. Wachtmann schreibt, dass der Widerruf schriftlich erklärt werden muss. § 355 Abs. 1 Satz 2 BGB verlangt aber nur eine ausdrückliche Erklärung. Weiterhin fehlt der Hinweis, dass eine Begründung nicht notwendig ist. Damit ist die Widerrufsbelehrung nicht ordnungsgemäß erfolgt und die Frist von 14 Tagen hat noch nicht zu laufen begonnen (§ 356 Abs. 3 Satz 1 BGB).

d) Allerdings könnte das Widerrufsrecht an § 356 Abs. 3 Satz 2 BGB scheitern. Danach erlischt das Widerrufsrecht spätestens 1 Jahr und 14 Tage nach Vertragsschluss. Diese Zeitspanne ist noch nicht abgelaufen. Das Widerrufsrecht könnte aber nach § 356 Abs. 5 BGB erloschen sein. Hauptgegenstand des Vertrags ist aber nicht die Lieferung eines auf einem körperlichen Datenträger befindlichen digitalen Inhalts, sondern ein DVD-Player. Deshalb ist das Widerrufsrecht nicht ausgeschlossen.

Insgesamt liegt damit ein wirksamer Widerruf vor. Folglich besteht kein Kaufvertrag. Damit kann Wachtmann von Schlafkind nicht die Zahlung des Kaufpreises gem. § 433 Abs. 2 BGB verlangen.

■ Fall 5 (nachgebildet BGH NJW 2011, 56)

31 Der emeritierte Professor Dr. Leer möchte für seinen Alterswohnsitz auf Mallorca ein Wasserbett kaufen. Er bestellt daher über das Internet beim Anbieter Schlafwohl ein Wasserbett vom Typ „Moskau" zum Preis von 1.000,– €. Schlafwohl hat Leer das Angebot per E-Mail als angehängte pdf-Datei übersandt. Der Text der E-Mail enthält eine Widerrufsbelehrung. Zu den Widerrufsfolgen heißt es dort: „Sie müssen für einen etwaigen Wertverlust der Ware nur aufkommen, wenn dieser Wertverlust auf einen zur Prüfung der Beschaffenheit, Eigenschaften und Funktionsweise der Waren nicht notwendigen Umgang mit ihnen zurückzuführen ist." Im weiteren Text der E-Mail weist Schlafwohl ergänzend darauf hin, dass durch das Befüllen der Matratze des Wasserbetts regelmäßig eine Verschlechterung eintritt, da das Bett nicht mehr als neuwertig zu veräußern ist. Das Wasserbett wurde am 1. 9. 2014 gegen Barzahlung in der Wohnung des Leer in Bielefeld angeliefert. Leer baute das Wasserbett auf, befüllte die Matratze mit Wasser und benutzte das Bett sodann drei Tage lang. Mit einer E-Mail vom 5. 9. 2014 übte er sein Widerrufsrecht aus. 14 Tage nach Abholung des Wasserbetts und Rückzahlung des Kaufpreises verlangt Schlafwohl von Leer einen Betrag von 300,– € wegen der Wertminderung, die das Bett durch das Befüllen erlangt hat.

Besteht der Zahlungsanspruch des Schlafwohl?

Lösung:

Schlafwohl könnte gem. § 357 Abs. 7 BGB einen Anspruch auf Zahlung von Wertersatz bezüglich des Wasserbettes haben.

Nach § 357 Abs. 7 BGB hat der Verbraucher bei einem ordnungsgemäßen Widerruf Wertersatz für einen Wertverlust der Ware zu leisten, wenn der Wertverlust auf einen Umgang mit den Waren zurückzuführen ist, der zur Prüfung der Beschaffenheit, der Eigenschaften und der Funktionsweise der Waren nicht notwendig war (Nr. 1), und der Unternehmer den Verbraucher über die Bedingungen, die Fristen und das Verfahren für die Ausübung des Widerrufsrechts unterrichtet hat.

Voraussetzung für die Anwendbarkeit dieser Norm ist zunächst, dass Leer ein ihm zustehendes Widerrufsrecht ordnungsgemäß ausgeübt hat. Ein Widerrufsrecht könnte Leer nach § 312 g Abs. 1 iVm. § 312 c BGB zugestanden haben. Dazu muss ein Fernabsatzvertrag vorgelegen haben. Die Voraussetzungen dafür ergeben sich aus § 312 c Abs. 1 und 2 BGB. Erforderlich ist ein Vertrag zwischen einem Unternehmer und einem Verbraucher über die Lieferung von Waren, der unter ausschließlicher Verwendung von Fernkommunikationsmitteln zustande gekommen ist. Schlafwohl ist Unternehmer im Sinne des § 14 BGB und Leer Verbraucher (§ 13 BGB). Außerdem ist der Kaufvertrag über das Wasserbett allein über das Internet, also ein Fernkommunikationsmittel i. S. d. § 312 c Abs. 2 BGB zustande gekommen. Für einen Ausschluss des Widerrufsrechts nach § 312 Abs. 2 BGB oder § 312 g Abs. 2 BGB ist nichts ersichtlich. Damit stand Leer ein Widerrufsrecht zu. Dieses hat er gem. § 355 BGB auch ordnungsgemäß ausgeübt. Damit ist § 357 Abs. 7 BGB anwendbar. Voraussetzung für den Wertersatz ist aber, dass der Verbraucher über die Möglichkeit, Wertersatz leisten zu müssen, informiert wurde. Dies hat Schlafwohl in seiner E-Mail getan.

Nach § 357 Abs. 7 Nr. 1 BGB ist ein Wertersatz aber nur dann zu leisten, wenn der Wertverlust auf einen Umgang mit den Waren zurückzuführen ist, der zur Prüfung der Beschaffenheit, der Eigenschaften und der Funktionsweise der Waren nicht notwendig war. Unter Prüfung versteht man die Möglichkeit, die Sache in Augenschein zu nehmen und auszuprobieren, um sich einen ausreichenden Eindruck von der Kaufsache zu verschaffen. Dazu gehört grundsätzlich das Auspacken der Ware und das Entsiegeln. Ebenso muss eine bestimmungsgemäße Ingebrauchnahme möglich sein. Als Maßstab, welche Handlungen noch ohne Wertersatzpflicht möglich sind, sollten stets die Möglichkeiten im stationären Handel im Auge behalten werden. Nur wenn es der Verkehrssitte entspricht, dass die Ware auch im Ladengeschäft ausgepackt und sogar ausprobiert werden kann, bleibt dies auch im Rahmen des § 157 Abs. 7 BGB wertersatzfrei.

Beim Kauf eines Wasserbetts im stationären Handel ist ein Ausprobieren dadurch möglich, dass man sich auf die Matratze legt. Hierzu muss die Matratze ordnungsgemäß aufgebaut und befüllt sein. Deshalb kann der Aufbau des Wasserbetts und die Befüllung der Matratze durch Prof. Dr. Leer noch als Prüfung angesehen werden.

Fraglich ist, ob auch die dreitägige Nutzung noch als Prüfung anzusehen ist. Nach h.M. ist der Begriff der Prüfung weit auszulegen (ausführlich zur Problematik Fröhlich NJW 2011, 30). Daher kann zur Prüfung einer Sache im Einzelfall sogar eine kurzzeitige Ingebrauchnahme gestattet sein. Bei einem Wasserbett ist dies anzunehmen, weil es sich hierbei um eine erhebliche Anschaffung handelt. Darüber hinaus kann die Frage, ob die mit dem Wasserbett erwartete Verbesserung des Schlafkomforts auch tatsächlich eintritt nur durch Probeliegen, d.h. eine Ingebrauchnahme beurteilt werden. Auch die hier vorgenommene Dauer der Ingebrauchnahme von drei Tagen erscheint bei einem Wasserbett, auch wegen des hohen Wertes der Sache, noch als angemessen. Damit ist die Verschlechterung nur auf die Prüfung zurückzuführen. Folglich scheidet ein Wertersatz gem. § 357 Abs. 7 BGB aus.

Schlafwohl steht deshalb gegenüber Leer kein Anspruch zu.

3. Einzelne Prüfungsabläufe bezüglich des Erlöschens des Anspruchs

a) Erlöschen eines Anspruchs wegen Anfechtung

Die Anfechtung ist ein in Klausuren häufig auftretendes Problem. Die Prüfung erfolgt in der Regel nicht isoliert (Fallfrage: Kann X anfechten?), sondern im Rahmen eines Erfüllungs- oder Bereicherungsanspruchs, weil die Anfechtung

32

bewirkt, dass das Rechtsgeschäft von Anfang an nichtig ist (§ 142 Abs. 1 BGB). Dabei ist dann zu beachten, dass das Schema erst bei den Prüfungspunkten „Erlöschen des entstandenen Anspruchs" (vgl. Übersicht 1 Rn. 10) oder „Fehlen des rechtlichen Grundes für eine Vermögensverschiebung" (vgl. Band 2) anzuwenden ist.

33 | **Übersicht 6**

Voraussetzungen einer wirksamen Anfechtung
1. Vorliegen eines Anfechtungsgrundes
   - Inhaltsirrtum (§ 119 Abs. 1 1. Fall BGB)
   - Erklärungsirrtum (§ 119 Abs. 1 2. Fall BGB)
   - Irrtum über verkehrswesentliche Eigenschaften einer Person oder Sache (§ 119 Abs. 2 BGB)
   - Falsche Übermittlung der Willenserklärung durch eine Person oder Anstalt (§ 120 BGB)
   - Arglistige Täuschung (§ 123 Abs. 1 1. Fall BGB)
   - Widerrechtliche Drohung (§ 123 Abs. 1 2. Fall BGB)
2. Anfechtungserklärung (§ 143 BGB)
3. Einhaltung der Anfechtungsfrist
   - § 121 BGB bei Anfechtungen nach §§ 119, 120 BGB
   - § 124 BGB bei Anfechtungen nach § 123 BGB
3. Kein Ausschluss der Anfechtung gem. §§ 121 Abs. 2, 124 Abs. 3, 144 BGB

34 Eine besondere Klausurkonstellation, bei der die Wirksamkeit einer Anfechtung nach dem vorstehenden Schema zu prüfen ist, stellt die Frage nach dem Bestehen eines Schadensersatzanspruchs nach § 122 BGB dar. Weil § 122 BGB das Vorliegen einer Anfechtung nach § 119 BGB oder § 120 BGB voraussetzt, ist zunächst die Wirksamkeit einer Anfechtung festzustellen.

35 Weiteres Problem bei der Frage nach einem Anspruch aus § 122 BGB ist der Umfang des zu ersetzenden Schadens. Hierzu sollte in folgenden Schritten vorgegangen werden: Zunächst ist festzustellen, ob überhaupt ein Vertrauensschaden (vgl. Glossar) entstanden ist. Danach ist festzustellen, ob dieser gegebenenfalls nicht in vollem Umfang zu ersetzen ist, weil er über das positive Interesse (vgl. Glossar) hinausgeht.

Ein Sonderproblem kann sich bei der Anfechtung wegen arglistiger Täuschung ergeben, wenn die Täuschung nicht durch den Vertragspartner selbst, sondern durch einen Dritten erfolgt ist (§ 123 Abs. 2 BGB). Die Anfechtung ist dann nur möglich, wenn der Vertragspartner die Täuschung des Dritten kannte oder kennen musste. Kein Dritter in diesem Sinne ist allerdings, wer auf Seiten des Anfechtungsgegners steht und maßgeblich am Zustandekommen des Vertrages mitgewirkt hat wie z. B. ein Stellvertreter.

■ Fall 6

Spielzeughändler Born aus Bielefeld möchte an der Verkaufskonferenz des **36** „Bundesverbandes der Deutschen Spielzeugindustrie" in München teilnehmen. Die Konferenz dauert vom 24.7. bis 31.7. Born schreibt deshalb bereits im April an das ihm bekannte Hotel „Goldener Löwe" in München, dessen Inhaber der Huber ist, und bestellt ein Einzelzimmer für die Zeit der Verkaufskonferenz zum Preis von insgesamt 700,– €. Bei der schriftlichen Bestellung schreibt er jedoch anstatt „Juli" „Juni". Huber bestätigt die Bestellung. Im Mai fällt Born sein Fehler auf. Unmittelbar danach schreibt Born an Huber, dass er sich vertan habe und das Zimmer nicht für die letzte Juni-, sondern die letzte Juliwoche mieten wollte. Huber erklärt, dass im Juli kein Termin mehr frei sei. Darauf erklärt Born, dass er das Zimmer im Juni nicht benötige. Außerdem befinde er sich in der letzten Juniwoche auf einer Geschäftsreise in Brasilien. Deshalb wolle er von dem Vertrag Abstand nehmen. Huber meint, dass dies nicht gehe, da einmal abgeschlossene Verträge einzuhalten seien. Außerdem habe er im Hinblick auf die Buchung des Born einem anderen Gast abgesagt, der bereit war, 840,– € zu zahlen. Letztlich konnte Huber das Zimmer noch für 500,– € anderweitig vermieten.

a) Hat Huber einen Anspruch auf Zahlung der vereinbarten Miete?

b) Hat Huber gegebenenfalls Schadensersatzansprüche, und wenn ja, in welcher Höhe?

Lösung:

Frage a)

Hotelier Huber könnte gegenüber Spielzeughändler Born ein Anspruch auf Zahlung der vereinbarten Miete gem. § 535 Abs. 2 BGB zustehen.

Voraussetzung hierfür ist, dass zwischen den Parteien ein entsprechender Mietvertrag abgeschlossen wurde. Ursprünglich hatten Huber und Born einen solchen Mietvertrag abgeschlossen. Dieser könnte jedoch gem. § 142 Abs. 1 BGB durch eine Anfechtung des Born weggefallen sein.

Voraussetzung hierfür ist zunächst, dass ein Anfechtungsgrund vorliegt. Ein derartiger Anfechtungsgrund könnte sich aus § 119 Abs. 1 2. Fall BGB (sog. Erklärungsirrtum) ergeben. Ein Erklärungsirrtum liegt vor, wenn der Erklärende eine Erklärung diesen Inhalts nicht abgeben wollte. Dies ist insbesondere dann gegeben, wenn sich der Erklärende verschreibt oder verspricht. Born hat sich bei der Bestellung verschrieben, indem er anstatt „Juli" „Juni" geschrieben hat. Damit liegt ein Erklärungsirrtum vor.

Weitere Voraussetzung für eine wirksame Anfechtung ist, dass Born die Anfechtung dem Anfechtungsgegner auch erklärt hat (§ 143 BGB). Gem. § 143 Abs. 2 BGB ist bei einem Vertrag Anfechtungsgegner der andere Teil – hier also Huber. Ausdrücklich hat Born zwar nicht erklärt, dass er den Vertrag anfechten wolle. Allerdings hat er Huber gegenüber mitgeteilt, er benötige das

Zimmer im Juni nicht. Hierin liegt eine konkludente, d. h. schlüssige Anfechtungserklärung, da sich aus der Mitteilung des Born eindeutig ergibt, dass er sich von dem Vertrag lösen wolle.

Schließlich müsste Born die Anfechtung fristgerecht erklärt haben. Die Anfechtungsfrist ergibt sich aus § 121 BGB. Danach ist erforderlich, dass der Anfechtungsberechtigte die Anfechtung unverzüglich, d. h. ohne schuldhaftes Zögern, erklärt. Unmittelbar nachdem Born seinen Irrtum bemerkt hatte, schrieb er an Huber, dass er sich von dem Vertrag lösen wolle. Folglich hat Born die gem. § 121 Abs. 1 BGB erforderliche Anfechtungsfrist eingehalten. Es liegt deshalb eine wirksame Anfechtung vor.

Diese hat gem. § 142 BGB zur Folge, dass das anfechtbare Rechtsgeschäft als von Anfang an nichtig angesehen wird. Damit besteht zwischen Huber und Born kein Mietvertrag über das Hotelzimmer. Folglich kann Huber von Born nicht gem. § 535 Abs. 2 BGB Zahlung der vereinbarten Miete verlangen.

Frage b)

Huber könnten Ansprüche auf Schadensersatz gem. § 122 Abs. 1 BGB gegen Born zustehen.

Voraussetzung hierfür ist die Anfechtung einer Willenserklärung gem. § 119 BGB. Dieses Merkmal ist, wie bereits geprüft, erfüllt.

Weiterhin müsste ein Schaden vorliegen. § 122 Abs. 1 BGB ist gerichtet auf Ersatz des Vertrauensschadens. Dieser ist jedoch begrenzt durch den Erfüllungsschaden. Der Vertrauensschaden ist der Schaden, der dadurch entsteht, dass auf die Gültigkeit eines Vertrages vertraut wurde. Das bedeutet mit anderen Worten, der Geschädigte ist so zu stellen, wie er stünde, wenn er nie von dem Vertrag gehört hätte. In diesem Fall hätte Huber das Zimmer für 840,– € vermietet. Letztlich konnte er das Zimmer jedoch noch für 500,– € anderweitig vermieten. Folglich beträgt der Vertrauensschaden 340,– €.

Dieser Schaden wird jedoch durch den so genannten Erfüllungsschaden oder auch das positive Interesse begrenzt. Hierbei handelt es sich um den Schaden, der dadurch entsteht, dass ein Vertrag nicht erfüllt wird. Das bedeutet, der Geschädigte ist so zu stellen, als wäre der Vertrag ordnungsgemäß erfüllt worden. Hätte Huber das Zimmer an Born vermietet, hätte Born dafür 700,– € zahlen müssen. Letztlich hat Huber für das Zimmer noch 500,– € erhalten, sodass der Erfüllungsschaden 200,– € beträgt.

Im Ergebnis bleibt damit festzuhalten, dass Huber von Born gem. § 122 Abs. 1 BGB nicht den gesamten Vertrauensschaden in Höhe von 340,– €, sondern lediglich 200,– € Schadensersatz verlangen kann.

b) Rücktritt wegen Ausschlusses der Leistungspflicht

37 In Klausuren stellt sich häufig die Frage, ob der Gläubiger zurücktreten kann, wenn der Schuldner seine Leistung nicht mehr erbringen kann. Dieser Fall ist in § 326 Abs. 5 BGB geregelt, wobei Anknüpfungspunkt nicht vordergründig

das Vorliegen von Unmöglichkeit, sondern das Freiwerden des Schuldners von seiner Leistungspflicht nach § 275 BGB ist (vgl. dazu Übersicht 12 Rn. 53).

Übersicht 7   38

§ 326 Abs. 5 BGB
1. Bestehen eines Schuldverhältnisses
2. Freiwerden des Schuldners wegen Vorliegens von Unmöglichkeit (§ 275 Abs. 1–3 BGB) (vgl. Übersicht 12 Rn. 53)
3. Fehlendes Interesse des Gläubigers an der bewirkten Leistung, soweit Teilleistung (§ 323 Abs. 5 BGB)
4. Rücktrittserklärung (§ 349 BGB)

Zu beachten ist, dass das vorstehende Schema nur die **Voraussetzungen** für das Bestehen eines Rücktrittsrechts darstellt. Die Rückabwicklung des Vertrages, insbesondere die Rückgabe bereits ausgetauschter Leistungen, richtet sich nach den §§ 346 ff. BGB. Ein schwerer Fehler wäre es insoweit, auf § 812 Abs. 1 BGB abzustellen.

c) Rücktritt wegen Nichterbringung der möglichen Leistung/Verzögerung

Eine klassische Klausurkonstellation ist die Prüfung der Rechte, die dem   39
Gläubiger zustehen, wenn der Schuldner seine Leistung nicht rechtzeitig erbringt. Zu unterscheiden sind dabei das Recht auf Rücktritt, das Recht auf Schadensersatz statt der Leistung – früher Schadensersatz wegen Nichterfüllung – (vgl. Übersicht 20 Rn. 83) und das Recht, den reinen Verzögerungsschaden ersetzt zu verlangen (vgl. Übersicht 19 Rn. 80). Zu beachten ist, dass der Verzug nur noch bei einem Anspruch auf Ersatz des Verzögerungsschadens vorausgesetzt wird. Bei den übrigen vorgenannten Rechten ist die bloße Verzögerung der Leistung Anknüpfungspunkt. Es muss also lediglich geprüft werden, ob die Leistung nicht rechtzeitig erbracht wurde. Ob dies schuldhaft war, ist für den Rücktritt ebenso unerheblich wie das Vorliegen einer Mahnung bzw. deren Entbehrlichkeit.

Übersicht 8   40

§ 323 Abs. 1 BGB
1. Bestehen eines gegenseitigen Vertrages
2. Nichterbringung der geschuldeten Leistung, trotz
   a) Fälligkeit (Ausnahme § 323 Abs. 4 BGB)
   b) Möglichkeit
   c) Durchsetzbarkeit (vgl. § 218 BGB)
3. Setzung einer angemessenen Nachfrist, soweit nicht Ausnahmen gemäß § 323 Abs. 2 BGB bzw. Vornahme einer Abmahnung (§ 323 Abs. 3 BGB)
4. Ablauf der Nachfrist

---

5. Kein Ausschluss des Rücktrittsrechts
   - Nichterbringung beruht auf Gründen aus der Gläubigersphäre (§ 323 Abs. 6 BGB)
   - Gläubigerverzug (§ 323 Abs. 6 BGB)
6. Falls bei erbrachter Teilleistung Rücktritt vom gesamten Vertrag gewollt, darf Gläubiger an der Teilleistung kein Interesse haben (§ 323 Abs. 5 Satz 1 BGB)
7. Rücktrittserklärung (§ 349 BGB)

41 Zu beachten ist, dass das vorstehende Schema nur die **Voraussetzungen** für das Bestehen eines Rücktrittsrechts darstellt. Die Rückabwicklung des Vertrages, insbesondere die Rückgabe bereits ausgetauschter Leistungen, richtet sich nach den §§ 346 ff. BGB. Ein schwerer Fehler wäre es insoweit, auf § 812 Abs. 1 BGB abzustellen.

42 Wichtigste Voraussetzung für den Rücktritt ist das Setzen einer angemessenen Nachfrist. Eine Androhung, nach Ablauf der Nachfrist die Leistung abzulehnen, ist nicht erforderlich. Ein oft abgeprüfter Fall der Entbehrlichkeit der Nachfristsetzung ist das Vorliegen eines Fixgeschäfts i. S. d. § 323 Abs. 2 Nr. 2 BGB. Gemeint ist ein relatives Fixgeschäft, da bei einem absoluten Fixgeschäft mit Ablauf des Termins das Interesse des Gläubigers entfällt, sodass Unmöglichkeit eintritt. (Nicht der Fall ist das nach BGH, NJW 2009, 2743 bei einem Flugbeförderungsvertrag.) Ein relatives Fixgeschäft liegt noch nicht vor, wenn ein Leistungszeitpunkt vereinbart wurde. Vielmehr muss zum Ausdruck gebracht werden, dass das Geschäft mit der zeitgerechten Leistung stehen und fallen soll (BGHZ 110, 96). Dies geschieht in der Regel durch Klauseln wie „fix", „spätestens" etc.

■ Fall 7

43 Bauer, der einen Metall verarbeitenden Betrieb führt, hat bei Müller eine vollautomatische Verpackungsmaschine gekauft. Als Liefertermin war der 1.10.2015 bestimmt. Am 19.10.2015 mahnt Bauer den Müller und verlangt unverzügliche Lieferung. Als Müller auch in den nächsten drei Wochen nicht liefert, will Bauer den Vertrag beenden.

Kann sich Bauer von dem Vertrag lösen und die Maschine woanders beschaffen?

Lösung:

Bauer könnte sich sofort vom Vertrag lösen und die Maschine woanders beschaffen, wenn der Vertrag nichtig oder anfechtbar wäre oder Bauer vom Vertrag zurücktreten könnte. Anhaltspunkte für eine Nichtigkeit oder Anfechtbarkeit des Vertrages liegen nicht vor. Ein Rücktrittsrecht könnte sich aufgrund der verspäteten Lieferung des Müller aus § 323 BGB ergeben.

Zunächst müsste ein wirksamer gegenseitiger Vertrag vorliegen. Bauer und Müller haben einen Kaufvertrag gem. § 433 BGB abgeschlossen. Dieser Kaufvertrag ist ein gegenseitiger Vertrag, da Bauer zahlt, um das Eigentum an der

Maschine zu erlangen, und Müller das Eigentum an der Maschine überträgt, um das Eigentum an dem Geld zu erlangen (do ut des). Mithin ist diese Voraussetzung erfüllt.

Müller müsste eine Pflicht aus dem Schuldverhältnis verletzt haben. Durch die verspätete Lieferung hat er das.

Ferner müsste Bauer dem Müller eine angemessene Frist zur Nacherfüllung gesetzt haben. Das ist nicht der Fall. Bauer hat am 19.10.2015 lediglich zur unverzüglichen Lieferung aufgefordert. Darin liegt nach h.M. keine Nachfristsetzung i.S.d. § 323 Abs. 1 BGB, weil kein konkreter Zeitpunkt bestimmt ist. Der BGH hat dagegen für § 281 BGB ausreichen lassen, dass dem Schuldner für die Leistung eine zeitliche Grenze gesetzt ist. Der Angabe eines bestimmten Zeitraums oder eines bestimmten (End-)Termins bedarf es nicht. Damit reichen Formulierungen wie „unverzüglich" aus (vgl. BGH, NJW 2009, 3153). Folglich wäre hier eine Nachfrist gesetzt worden. Verneint man dies, ist zu klären, ob eine solche Fristsetzung gem. § 323 Abs. 2 Nr. 2 BGB (relatives Fixgeschäft) entbehrlich ist. Das ist dann der Fall, wenn der Schuldner die Leistung zu einem im Vertrag bestimmten Termin oder innerhalb einer bestimmten Frist nicht bewirkt und der Gläubiger im Vertrag den Fortbestand seines Leistungsinteresses an die Rechtzeitigkeit der Leistung gebunden hat. Zwar war die Lieferung der Verpackungsmaschine zum 1.10.2015 vereinbart, jedoch hat Bauer in dem Vertrag den Fortbestand seines Leistungsinteresses nicht an die rechtzeitige Lieferung gebunden. Somit ist die Fristsetzung nicht gem. § 323 Abs. 2 Nr. 2 BGB entbehrlich.

Die Setzung einer Nacherfüllungsfrist könnte aber gem. § 323 Abs. 2 Nr. 3 BGB entbehrlich sein. Dann müssten besondere Umstände vorliegen, die unter Abwägung der beiderseitigen Interessen den sofortigen Rücktritt rechtfertigen. Zwei Monate Wartezeit für eine Verpackungsmaschine beeinträchtigt zwar den Betriebsablauf, ist aber im Hinblick darauf, dass es sich bei Verpackungsmaschinen um hochkomplizierte Maschinen handelt und der Tatsache, dass der Bauer seinen evtl. eingetretenen Verzögerungsschaden ersetzt bekommt, noch hinnehmbar. Der sofortige Rücktritt ist damit nicht gerechtfertigt. Somit ist eine Nachfristsetzung nicht entbehrlich. Damit liegen die Voraussetzungen des § 323 BGB nicht vor.

Bauer kann sich also nicht sofort vom Vertrag lösen, sondern muss zunächst eine angemessene Nachfrist setzen und warten, ob diese erfolglos abläuft.

d) Rücktritt wegen Schlechtleistung

Das Gesetz unterscheidet für den Rücktritt zwischen der Verletzung von Haupt- und Nebenleistungspflichten einerseits und der Verletzung von Pflichten nach § 241 Abs. 2 BGB andererseits.

44

45

> **Übersicht 9**
>
> **§ 323 Abs. 1 BGB – Schlechterfüllung der Hauptleistung**
> 1. Bestehen eines gegenseitigen Vertrages
> 2. Keine Verdrängung durch Sondervorschriften zur Sachmängelgewährleistung bei Kauf-, Miet- oder Werkverträgen
> 3. Schlechterfüllung
>   a) Leistung fällig (Ausnahme § 323 Abs. 4 BGB), möglich und durchsetzbar (vgl. § 218 BGB)
>   b) Verletzung einer Leistungspflicht
> 4. Setzung einer angemessenen Nachfrist (soweit nicht Fälle des § 323 Abs. 2 BGB) bzw. Vornahme einer Abmahnung (§ 323 Abs. 3 BGB)
> 5. Ablauf der Nachfrist
> 6. Keine Unerheblichkeit der Pflichtverletzung (§ 323 Abs. 5 Satz 2 BGB)
> 7. Kein Ausschluss des Rücktrittsrechts aufgrund
>   – Nichterbringung, die auf Gründen aus der Gläubigersphäre beruht (§ 323 Abs. 6 BGB)
>   – Gläubigerverzug (§ 323 Abs. 6 BGB)
> 8. Rücktrittserklärung (§ 349 BGB)

46   Zu beachten ist, dass das vorstehende Schema nur die **Voraussetzungen** für das Bestehen eines Rücktrittsrechts darstellt. Die Rückabwicklung des Vertrages, insbesondere die Rückgabe bereits ausgetauschter Leistungen, richtet sich nach den §§ 346 ff. BGB. Ein schwerer Fehler wäre es insoweit, auf § 812 Abs. 1 BGB abzustellen.

Verletzt der Schuldner eine Pflicht aus § 241 Abs. 2 BGB (Schutzpflicht), existiert mit § 324 BGB eine eigene Anspruchsgrundlage für einen Rücktritt.

47

> **Übersicht 10**
>
> **§ 324 BGB – Verletzung einer Pflicht aus § 241 Abs. 2 BGB**
> 1. Bestehen eines gegenseitigen Vertrages
> 2. Verletzung einer Pflicht aus § 241 Abs. 2 BGB
> 3. Festhalten des Gläubigers am Vertrag nicht mehr zumutbar
> 4. Rücktrittserklärung (§ 349 BGB)

Zu beachten ist, dass das vorstehende Schema nur die **Voraussetzungen** für das Bestehen eines Rücktrittsrechts darstellt. Die Rückabwicklung des Vertrages, insbesondere die Rückgabe bereits ausgetauschter Leistungen, richtet sich nach den §§ 346 ff. BGB. Ein schwerer Fehler wäre es insoweit, auf § 812 Abs. 1 BGB abzustellen.

e) Erlöschen eines Anspruchs wegen Aufrechnung

48   Ein wichtiges Rechtsinstitut in der Praxis stellt die Aufrechnung von Forderungen dar. Da es sich bei der Aufrechnung um ein einseitiges Gestaltungsrecht handelt, muss die Aufrechnung in der Klausur nur erörtert werden, wenn sich Anhaltspunkte für eine entsprechende Aufrechnungserklärung ergeben.

Übersicht 11   **49**

§§ 387 ff. BGB
1. Gegenseitigkeit der Forderungen: Jede Partei muss Schuldner der einen und Gläubiger der anderen Forderung sein
2. Gleichartigkeit des Leistungsgegenstandes
3. Gegenforderung (= Forderung desjenigen, der die Aufrechnung erklärt) muss gültig, fällig (§ 271 BGB) und durchsetzbar (§ 390 BGB) sein
4. Hauptforderung (= Forderung des Aufrechnungsgegners) muss erfüllbar sein (§ 271 BGB)
5. Kein Ausschluss der Aufrechnung durch
   – Vertragliche Abrede (evtl. Grenze des § 309 Nr. 3 BGB zu beachten)
   – § 393 BGB (Hauptforderung stammt aus unerlaubter Handlung)
   – § 394 BGB (Hauptforderung ist unpfändbar)
6. Aufrechnungserklärung (§ 388 BGB)

Wichtig ist zunächst, die beiden Forderungen richtig einzuordnen. Die Ge-   **50**
genforderung ist die Forderung desjenigen, der die Aufrechnung erklärt, weil
sie der Forderung des zweiten Gläubigers entgegengehalten wird. Ein häufiges Problem im Zusammenhang mit einer Aufrechnung ist die Konstellation,
dass sich aus dem Sachverhalt Anhaltspunkte für eine Verjährung (vgl. Übersicht 14 Rn. 60) der Gegenforderung ergeben. Anknüpfungspunkt ist der § 390
BGB, wonach der Gegenforderung keine Einrede entgegenstehen darf. Für die
Einrede der Verjährung bestimmt § 215 BGB, dass die Aufrechnung mit einer
verjährten Gegenforderung nur dann ausgeschlossen ist, wenn die Verjährung
bereits zum Zeitpunkt des Entstehens der Aufrechnungslage eingetreten war.

■ **Fall 8**

Koch stellt Küchenmöbel her. Das Material bezieht er seit vielen Jahren von   **51**
Lieferant Lange. Im Dezember 2015 kauft Lange bei Koch eine Küche für den
Gemeinschaftsraum seiner Fabrik.

Als Koch Anfang 2016 den Kaufpreis von 4.000,– € geltend macht, verweigert
Lange die Zahlung mit dem Hinweis, er habe aus einer Lieferung vom Januar
2012 noch eine bisher von Koch nicht beglichene Forderung über 4.000,– €.

Muss Lange den Kaufpreis für die Küche bezahlen?

Lösung:

Der Lange müsste den Kaufpreis bezahlen, wenn Koch einen Anspruch aus
§ 433 Abs. 2 BGB gegen ihn hätte.

Dazu müsste zwischen Lange und Koch zunächst ein Kaufvertrag abgeschlossen worden sein. Dies ist der Fall, da im Jahre 2015 der Lange bei Koch eine

Küche gekauft hat. Diese Forderung aus dem Kaufvertrag könnte aber erlo-schen sein. Eine Erfüllung des Kaufpreises durch Zahlung des Lange liegt nicht vor. Allerdings könnte die Forderung durch die Aufrechnung mit einer Forderung des Lange gegen Koch aus dem Jahr 2012 erloschen sein, da Lange eine entsprechende Erklärung abgegeben hat.

Dazu müssten die Voraussetzungen einer wirksamen Aufrechnung gem. §§ 387 ff. BGB erfüllt sein.

Zunächst sind dafür gegenseitige Forderungen zwischen Lange und Koch er-forderlich. Dies ist der Fall, da Lange gegen Koch eine Forderung aus dem Jah-re 2012 hat und Koch gegen Lange eine Forderung aus dem Jahr 2015.

Zweite Voraussetzung ist, dass beide Forderungen gleichartig sind. Auch das ist zu bejahen, da beide Forderungen auf Geld gerichtet sind.

Weitere Voraussetzung für eine wirksame Aufrechnung des Lange ist, dass seine Forderung noch durchsetzbar ist (vgl. § 390 Satz 1 BGB). Problematisch könnte hier sein, dass die Forderung des Lange evtl. schon verjährt ist (zur Prüfung der Verjährung vgl. Übersicht 14 Rn. 60).

Der Kaufvertrag ist im Januar 2012 abgeschlossen worden. Mangels anderer Vereinbarungen war der Kaufpreis auch sofort fällig (§ 271 Abs. 1 BGB). Damit ist die Forderung des Lange im Jahr 2012 entstanden. Gemäß § 195 BGB be-trägt die Verjährungsfrist drei Jahre. Sie beginnt nach § 199 Abs. 1 BGB mit dem Schluss des Jahres, in dem der Anspruch entstanden ist und der Gläubi-ger von der Person des Schuldners und den den Anspruch begründeten Um-ständen Kenntnis erlangt hat. Die Verjährungsfrist begann damit am 31.12.2012 24.00 Uhr. Umstände, die den Lauf der Verjährungsfrist beein-trächtigt haben könnten, sind nicht ersichtlich. Die Forderung des Lange ver-jährt daher am 31.12.2015. Zum Zeitpunkt der erforderlichen Aufrechnungs-erklärung des Lange zu Beginn des Jahres 2016 war seine Forderung gegen Koch damit bereits verjährt. Allerdings ist die Sondervorschrift des § 215 BGB zu beachten. Danach ist für die Frage, ob die Gegenforderung noch durchsetz-bar ist, bei der Verjährung nicht auf den Zeitpunkt der Aufrechnungserklä-rung, sondern auf den Zeitpunkt der Aufrechnungslage abzustellen. Aufrech-nungslage ist der Zeitpunkt, in dem sich die fraglichen Forderungen zum ersten Mal aufrechenbar gegenüberstanden. Diese Aufrechnungslage trat im Dezember 2015 ein. Zu diesem Zeitpunkt war die Forderung des Lange gegen Koch noch nicht verjährt. Somit wird sie noch als durchsetzbare Forderung behandelt, sodass auch diese Aufrechnungsvoraussetzung erfüllt ist. Damit liegen alle Voraussetzungen für eine wirksame Aufrechnung vor, sodass die Forderung des Koch gegen Lange aufgrund der Aufrechnung nicht mehr be-steht (vgl. § 389 BGB).

Koch kann den Kaufpreis also nicht mehr von Lange verlangen.

f) Unmöglichkeit der Leistungserbringung

Ein Klassiker in den Klausuren sind die Rechtsfolgen, die sich ergeben, wenn **52** die Leistung unmöglich ist oder wird. Nach § 275 Abs. 1 BGB liegt Unmöglichkeit nunmehr vor, wenn die Leistung aus tatsächlichen oder rechtlichen Gründen nicht erbringbar ist. In § 275 Abs. 2 BGB werden zudem auch die Fälle der faktischen Unmöglichkeit erfasst, bei denen die Leistung theoretisch zwar erbringbar ist, aber einen unverhältnismäßigen Aufwand erfordern würde. Schließlich regelt § 275 Abs. 3 BGB die Rechtsfolgen bei den Fällen der Unmöglichkeit aus persönlichen Gründen. Rechtlich keine Bedeutung mehr hat die Unterscheidung zwischen objektiver und subjektiver Unmöglichkeit, die immer gleichbehandelt werden. Bezüglich der Unterscheidung zwischen anfänglicher und nachträglicher Unmöglichkeit wird auf die Ausführungen unter B II 2 a, Rn. 72 ff.) verwiesen. Als Rechtsfolgen sieht das BGB einerseits das Freiwerden des Schuldners von seiner Leistungsverpflichtung (§ 275 Abs. 1–3 BGB) und gem. § 275 Abs. 4 BGB Rechte des Gläubigers auf Schadensersatz (vgl. Übersichten 17 und 18 Rn. 73 u. 75), Ersatz vergeblicher Aufwendungen (§ 284 BGB), Herausgabe des stellvertretenden commodums (§ 285 BGB) und Rücktritt (§ 326 BGB) vor.

Übersicht 12   **53**

§ 275 Abs. 1 BGB – Erlöschen der Leistungsverpflichtung wegen Unmöglichkeit
1. Unmöglichkeit der geschuldeten Leistung
   - Leistung dem Schuldner oder jedermann tatsächlich oder rechtlich nicht möglich (§ 275 Abs. 1 BGB)
   - Faktische Unmöglichkeit: Leistung erfordert einen Aufwand, der unter Beachtung des Inhalts des Schuldverhältnisses und der Gebote von Treu und Glauben in einem groben Missverhältnis zu dem Leistungsinteresse des Gläubigers steht; Leistung kann dem Schuldner nicht mehr zugemutet werden (§ 275 Abs. 2 BGB); gilt wegen § 275 Abs. 2 Satz 3 BGB i. V. m. § 276 Abs. 1 BGB nicht bei Gattungsschulden, weil dort der Schuldner das Beschaffungsrisiko trägt
   - Persönliche Unmöglichkeit (§ 275 Abs. 3 BGB)
2. Bei faktischer und persönlicher Unmöglichkeit Berufung des Schuldners darauf

---

Besonders problematisch kann die Feststellung des Vorliegens von Unmöglichkeit bei Gattungsschulden (§ 243 Abs. 1 BGB) wegen des dort bestehenden **54** Beschaffungsrisikos sein. Die wichtigsten Fälle der tatsächlichen Unmöglichkeit i. S. v. § 275 Abs. 1 BGB sind der Untergang der gesamten Gattung, der Untergang des Vorrats bei der sog. **Vorratsschuld** sowie der Untergang der ausgewählten Sache nach der **Konkretisierung** (§ 243 Abs. 2 BGB). Für die Feststellung der Konkretisierung ist entscheidend, wo sich der Erfüllungsort (§ 269 BGB) befindet, d. h. es muss geklärt werden, ob es sich bei der geschuldeten Leistung um eine Holschuld, Bringschuld oder Schickschuld handelt.

Entweder zusammen mit dem Problem, ob der Schuldner von seiner Leistungspflicht befreit ist, oder isoliert wird in Klausuren gefragt, ob der Gläubi- **55** ger seinerseits noch die Gegenleistung erbringen muss, obwohl er selbst keine Leistung erhält. Maßgeblich dafür ist § 326 BGB, wonach grundsätzlich bei Freiwerden des Schuldners auch der Gläubiger frei wird, sofern nicht das Gesetz Ausnahmen vorsieht wie z.B. in § 326 Abs. 2 BGB.

56

Übersicht 13

§ 326 Abs. 1 BGB – Erlöschen der Gegenleistungsverpflichtung
1. Wegfall der Leistungspflicht des Schuldners aufgrund Unmöglichkeit gemäß § 275 Abs. 1–3 BGB (vgl. Übersicht 12 Rn. 53)
2. Keine Ausnahme vom Wegfall der Gegenleistungsverpflichtung
   - Keine Verantwortlichkeit des Gläubigers für den Grund der Unmöglichkeit gem. § 326 Abs. 2 Satz 1 1. Fall BGB
   - Kein Annahmeverzug des Gläubigers (§§ 293 ff. BGB) zum Zeitpunkt des Eintritts der Unmöglichkeit (§ 326 Abs. 2 Satz 1 2. Fall BGB)
   - Kein Verlangen des Gläubigers nach § 285 BGB (stellvertretendes commodum)
   - Kein Gefahrübergang nach § 446 BGB (Übergabe der Kaufsache) oder § 447 BGB (Versendungskauf), soweit anwendbar (§ 474 Abs. 2 BGB)
   - Gefahrübergang nach § 644 BGB beim Werkvertrag

57 Häufig wird die Frage nach dem Erlöschen der Gegenleistungsverpflichtung mit der Problematik des Gläubigerverzuges (vgl. Rn. 96 ff.) verbunden. Sofern dies im Sachverhalt angezeigt ist, müssen die Voraussetzungen der §§ 293 ff. BGB – Nichtannahme einer erfüllbaren und möglichen Leistung trotz ordnungsgemäßen Angebots gemäß §§ 294 bis 296 BGB – sauber durchgeprüft werden. Bei der Ausnahme des Versendungskaufes ist zunächst die Anwendbarkeit des § 447 BGB zu prüfen, die bei Vorliegen eines Verbrauchsgüterkaufs (§ 474 Abs. 1 BGB) ausgeschlossen ist.

■ Fall 9

58 Bauunternehmer Meier kauft von Baustoffhändler Moos 100 Säcke Zement. Moos lässt am 21.3. die Säcke für Meier bereitstellen und ihn unterrichten, dass er die Säcke abholen kann. In der Nacht zum 22.3. wird das Lager des Moos von einem Brand heimgesucht, bei dem auch der für Meier bestimmte Zement unbrauchbar wird. Als Ursache für den Brand wird ein nicht vorhersehbarer Kurzschluss in den elektrischen Leitungen ermittelt.

Ist Moos weiterhin zur Lieferung des Zements verpflichtet?

Lösung:

Der Anspruch auf Lieferung könnte sich aus § 433 Abs. 1 Satz 1 BGB ergeben. Voraussetzung wäre, dass Moos und Meier einen Kaufvertrag abgeschlossen hätten. Das ist der Fall, da sich Moos und Meier entsprechend geeinigt haben. Somit ist ein Anspruch des Meier auf Lieferung des Zements gem. § 433 Abs. 1 Satz 1 BGB entstanden.

Dieser Anspruch könnte jedoch gem. § 275 Abs. 1 BGB untergegangen sein. Dafür müsste eine Leistungspflicht aus einem Schuldverhältnis unmöglich geworden sein. Die Pflicht, aus dem Kaufvertrag zu liefern, ist eine solche Verpflichtung. Unmöglichkeit ist die dauernde Nichterbringbarkeit der Leistung. Die Leistung ist nur dauerhaft nicht erbringbar, wenn es sich bei der geschuldeten Leistung um eine Stückschuld handelt, da bei Gattungsschulden eine Beschaffungspflicht besteht. Fraglich ist, ob es sich bei dem Zement um eine Stück- oder um eine Gattungsschuld handelt. Zunächst lag eine Gattungsschuld vor, da der geschuldete Zement nur nach Gattungsmerkmalen bestimmt war (§ 243 Abs. 1 BGB). Allerdings könnte eine Konkretisierung der Gattungsschuld vorliegen. Konkretisierung tritt gem. § 243 Abs. 2 BGB ein, wenn der Schuldner das zur Leistung seinerseits Erforderliche getan hat. Was der Schuldner tun muss, bestimmt sich danach, wo der Erfüllungsort liegt. Da Moos und Meier nichts Anderes vereinbart haben, liegt der Erfüllungsort beim Schuldner (§ 269 Abs. 1 BGB). Bei der damit gegebenen Holschuld tritt Konkretisierung mit Aussonderung der für den Gläubiger bestimmten Säcke und Benachrichtigung des Gläubigers ein. Moos hat am 21.3. die Säcke für Meier bereitstellen und Letzteren unterrichten lassen, dass er die Säcke abholen könne. Somit liegt Konkretisierung i. S. v. § 243 Abs. 2 BGB vor. Demnach war der Leistungsgegenstand individuell festgelegt und Erfüllung konnte ausschließlich durch diese Zementsäcke eintreten. Da diese durch den Brand zerstört wurden, ist die Leistung unmöglich geworden. Demnach ist der Anspruch aus § 433 Abs. 1 Satz 1 BGB gem. § 275 Abs. 1 BGB untergegangen.

Ein Anspruch des Meier auf Lieferung des Zements besteht nicht mehr.

Hinweis: In der Klausur könnte als weitere Frage gestellt werden, ob Meier einen Schadensersatzanspruch gegen Moos z.B. wegen der Mehrkosten einer Ersatzbeschaffung haben kann. Es wären dann die §§ 280 Abs. 1, 283 ff. BGB zu prüfen (zum Prüfungsablauf siehe Übersicht 18 Rn. 75).

4. Einzelne Prüfungsabläufe bezüglich der Gegenrechte des Anspruchsgegners

a) Verjährung

Die Verjährung ist der in der Klausur am häufigsten auftretende Fall eines dem Anspruch des Gläubigers entgegenstehenden Rechts des Schuldners. Häufig wird sich aufgrund des Sachverhalts die Frage stellen, ob der Anspruch des Gläubigers noch durchsetzbar ist. Dabei ist darauf zu achten, dass die Verjährung eine Einrede ist (§ 214 Abs. 1 BGB), es also erforderlich ist, dass sich der Schuldner auf die Verjährung beruft. Daneben kann es aber auch vorkommen, dass direkt nach der Verjährung eines Anspruches gefragt wird. Die regelmäßige Verjährungsfrist beträgt nach § 195 BGB drei Jahre. Sie beginnt mit dem Ende des Jahres, in dem der Anspruch entstanden ist und

59

Kenntnis über Anspruchsgegner und Anspruchsgrund herrscht. Sofern keine positive Kenntnis des Gläubigers vorhanden ist, reicht eine grob fahrlässige Unkenntnis aus (§ 199 Abs. 1 BGB).

Der Lauf der Verjährungsfrist kann durch Hemmung, Ablaufhemmung und Neubeginn der Verjährung beeinflusst werden.

60 **Übersicht 14**

Verjährung
1. Bestimmung der Verjährungsfrist
   - Regelmäßig drei Jahre (§ 195 BGB)
   - Bei Rechten an einem Grundstück zehn Jahre (§ 196 BGB)
   - Für Ansprüche aus § 197 BGB 30 Jahre
   - Sonderregelungen z. B.
     - Gewährleistungsansprüche aus Kauf (§ 438 BGB)
     - Gewährleistungsansprüche aus Werkvertrag (§ 634 a BGB)
2. Festlegung des Fristbeginns (Berechnung nach § 187 BGB)
   - ▶ Regelmäßige Verjährungsfrist (§ 199 BGB)
     - → Ablauf des Jahres, in dem:
       - a) Entstehung des Anspruchs
       - b) Kenntnis der anspruchsbegründenden Tatsachen
       - c) Kenntnis der Person des Schuldners
   - ▶ Andere als regelmäßige Verjährungsfrist (§ 200 BGB)
     - → Entstehung des Anspruchs
3. Berechnung des Fristendes (Berechnung nach §§ 188, 193)
   - a) Ablauf der einschlägigen Frist
   - b) keine Verlängerung durch
     - Hemmung, z. B. Verhandlungen (§ 203 BGB), gerichtliche Geltendmachung (§ 204 BGB), Leistungsverweigerungsrecht des Schuldners (§ 205 BGB)
     - Grund für Neubeginn der Verjährung (§ 212 BGB)
   - c) keine Verkürzung wegen Eingreifens einer Höchstfrist (§ 199 Abs. 2 bis 4 BGB)

61 Bei der Berechnung der Verjährung ist die Unterscheidung zwischen Verjährungsfristen und Verjährungshöchstfristen zu beachten. Die Verjährungshöchstfristen nach § 199 Abs. 2 bis 4 legen fest, wann die Verjährung **spätestens** eintritt, unabhängig davon, ob die Verjährung nach der üblichen Berechnung erst später eintreten würde. Weiterhin ist bei der Prüfung darauf zu achten, dass der Lauf der Frist genau nach den Vorgaben der §§ 187–193 BGB berechnet wird, wobei die Terminangabe exakt mit Datum und Uhrzeit erfolgen muss.

■ **Fall 10**

62 Unternehmer Uhu schließt am 2.4.2015 einen Kaufvertrag mit dem Kunden Kranich. Kranich zahlt im Mai 2015 abredewidrig nur 30 % des Kaufpreises und erhält am 1.12. 2015 von Uhu eine Stundung für den Restkaufpreis um weitere vier Monate, ohne dass Kranich darum gebeten hätte.

a) *Wann verjährt die Restkaufpreisforderung des Uhu?*

b) *Wie ist die Rechtslage, wenn von vornherein vereinbart war, dass der Kaufpreis in zehn Monatsraten ab 1.5.2015 zu zahlen ist?*

Lösung:

Frage a)

Für die Feststellung der Verjährung ist zunächst die Dauer der Verjährung zu ermitteln. Gem. § 195 BGB beträgt die Verjährungsfrist drei Jahre. Eine andere Verjährungsfrist ergibt sich weder aus den §§ 196 ff. BGB noch aus anderen Sondervorschriften des BGB.

Als Nächstes ist der Beginn der Verjährung festzulegen. Nach § 199 Abs. 1 BGB beginnt die Verjährung mit dem Schluss des Jahres, in dem der Anspruch entstanden ist und der Gläubiger von den den Anspruch begründenden Umständen und der Person des Schuldners Kenntnis erlangt oder ohne grobe Fahrlässigkeit erlangen müsste. Der Anspruch ist mit dem Abschluss des Kaufvertrages am 2.4.2015 entstanden, da eine spätere Fälligkeit des Kaufpreises nicht ersichtlich ist. Sowohl die den Anspruch begründenden Umstände als auch die Person des Schuldners waren dem Uhu sofort bekannt. Folglich beginnt die Verjährung gem. § 187 Abs. 1 BGB am 31.12.2015, 24.00 Uhr zu laufen.

Nunmehr ist der Ablauf der Verjährungsfrist zu prüfen. Nach § 195 i. V. m. § 188 Abs. 2 BGB würde die Frist an sich am 31.12.2015, 24.00 Uhr ablaufen. Es könnte jedoch sein, dass sich die Frist durch eine Hemmung oder durch Neubeginn auf einen anderen Zeitpunkt verlängert. Auslösendes Ereignis könnte zunächst die Zahlung des Kranich im Mai 2015 sein. Dies könnte ein Neubeginn gemäß § 212 Abs. 1 Nr. 1 BGB sein. Danach beginnt die Verjährung erneut, wenn der Schuldner die Forderung durch Abschlagszahlung oder in anderer Weise anerkennt. Kranich hat im Mai 2015 30 % des Kaufpreises angezahlt. Damit würde die Verjährung an sich neu beginnen. Der Lauf der Verjährungsfrist hatte zu diesem Zeitpunkt aber noch nicht begonnen. Folglich wirkt sich die Abschlagszahlung nicht aus. Eine Anerkennung in anderer Weise ist nicht ersichtlich. Der Verlauf der Verjährung könnte sich aber durch die Stundung der Forderung durch Uhu im Dezember 2015. ändern. Eine Stundung führt nach h. M. nur zum Neubeginn, wenn sie auf Wunsch des Schuldners erfolgt. Das war hier aber nicht der Fall. Die Verjährung könnte aber gem. § 205 BGB gehemmt sein. Danach ist die Verjährung so lange gehemmt, wie der Schuldner aufgrund einer Vereinbarung mit dem Gläubiger vorübergehend zur Verweigerung der Leistung berechtigt ist. Uhu gewährte dem Kranich am 1.12.2015 eine Stundung von vier Monaten. Damit war Kranich für diesen Zeitraum zur Verweigerung der Leistung berechtigt. Eine Hemmung bewirkt nach § 209 BGB, dass die entsprechende Zeit nicht in die Verjährungsfrist eingerechnet wird. Damit würde sich das Verjährungsende an sich um vier Monate nach hinten verschieben. Da jedoch der erste Monat der Stundung vor dem Beginn des Laufes der Verjährungsfrist lag, beträgt der Verlängerungszeitraum nur drei Monate. Damit verjährt die Forderung des Uhu am 31.3.2019 um 24.00 Uhr.

Frage b)

Auch in der Abwandlung ist zunächst die Dauer der Verjährung zu ermitteln. Gem. § 195 BGB beträgt die Verjährungsfrist drei Jahre. Eine andere Verjährungsfrist ergibt sich weder aus den §§ 196 ff. BGB noch aus anderen Sondervorschriften des BGB.

Als Nächstes ist wiederum der Beginn der Verjährung festzulegen. Nach § 199 Abs. 1 BGB beginnt die Verjährung mit dem Schluss des Jahres, in dem der Anspruch entstanden ist und der Gläubiger von den den Anspruch begründenden Umständen und der Person des Schuldners Kenntnis erlangt oder ohne grobe Fahrlässigkeit erlangen müsste. Der Kaufvertrag wurde am 2.4.2015 abgeschlossen. Fraglich ist, wie sich die Vereinbarung im Kaufvertrag auswirkt, dass Kranich den Kaufpreis in zehn Raten, beginnend ab Mai 2015, begleichen sollte. Anspruchsentstehung i.S.v. § 199 Abs. 1 Nr. 1 BGB ist der Zeitpunkt, in dem eine Forderung insgesamt fällig wird. Aufgrund der vereinbarten Ratenzahlung wird der Gesamtkaufpreis jetzt erst am 1.2.2016 fällig. Damit ist der Anspruch erst zu diesem Zeitpunkt entstanden. Folglich beginnt die Verjährung gem. § 187 Abs. 1 BGB erst am 31.12.2016, 24.00 Uhr zu laufen. Umstände, die zu einer Hemmung oder zu einem Neubeginn der Verjährung führen, sind nicht ersichtlich. Deshalb endet die Verjährung am 31.12.2019, 24.00 Uhr (§ 188 Abs. 2 BGB).

b) Zurückbehaltungsrecht/Einrede des nicht erfüllten Vertrages

63   Weit weniger Bedeutung als die Verjährung haben die Einreden des Schuldners aus § 273 BGB bzw. aus § 320 BGB. Beide geben dem Schuldner die Möglichkeit, seine Leistung so lange zu verweigern, bis der Gläubiger seinerseits die ihm obliegende Leistung erbringt. Während § 320 BGB nur für die im Synallagma stehenden Ansprüche aus gegenseitigen Verträgen gilt, findet § 273 BGB für alle Fälle Anwendung, in denen sich Ansprüche gegenüberstehen. Da § 320 BGB lediglich das Bestehen eines gegenseitigen Vertrages und das Vorliegen von synallagmatischen Pflichten voraussetzt und somit keine großen Schwierigkeiten bietet, wird im Folgenden lediglich der Prüfungsablauf für § 273 BGB dargestellt.

Übersicht 15   64

Zurückbehaltungsrecht aus § 273 BGB
1. Schuldner hat gegen seinen Gläubiger einen wirksamen und fälligen Anspruch
2. Ansprüche beruhen auf demselben rechtlichen Verhältnis (Konnexität)
3. Kein Ausschluss des Zurückbehaltungsrechts
   - durch Gesetz
   - durch Vereinbarung, z. B. Vorleistungspflicht
4. Erhebung der Einrede

Zu beachten ist, dass nach h. M. für die Konnexität die beiderseitigen Ansprü-   65
che ihre Grundlage nicht in demselben Schuldverhältnis haben müssen. Vielmehr ist ausreichend, dass ihnen ein innerlich zusammenhängendes einheit-
liches Lebensverhältnis zu Grunde liegt (BGHZ 115, 103) wie z. B. bei
Ansprüchen aus verschiedenen Verträgen, die wegen ihres zeitlichen und
sachlichen Zusammenhangs als natürliche Einheit erscheinen.

II. Besondere Prüfungsabläufe

1. Prüfung der Wirksamkeit einer AGB-Klausel

a) Einführung

Eine häufig vorkommende Prüfungssituation ist die Prüfung von AGB-Klau-   66
seln. Dabei wird seltener eine isolierte Prüfung verlangt sein, sondern i. d. R.
nach einem konkreten Anspruch gefragt werden, der durch AGB begründet
(z. B. Übernahme der Transportkosten durch den Käufer), modifiziert (z. B.
Einführung von Fristen für die Geltendmachung von Ansprüchen) oder ausgeschlossen (z. B. Ausschluss der Gewährleistungsansprüche des Käufers)
wird. Das folgende Prüfungsschema ergänzt dann die Prüfung des eigentlichen Anspruchs.

b) Prüfungsablauf

Übersicht 16   67

Prüfung der Wirksamkeit einer AGB-Klausel
1. Geltung der §§ 305 ff. BGB
   a) Vorliegen von AGB
      → §§ 305 Abs. 1, 310 Abs. 3 BGB
   b) Kein Ausschluss der Anwendung
      → § 310 Abs. 2, 4 BGB
2. Einbeziehung der AGB
   ▶ Gegenüber Verbrauchern
      → § 305 Abs. 2, 3 BGB
      a) Ausdrücklicher Hinweis am Ort des Vertragsschlusses
      b) Möglichkeit der Kenntnisnahme in zumutbarer Weise

    c) Einverständnis des Vertragspartners mit Geltung
▶ Gegenüber Unternehmern (§ 14 BGB)
    → (Konkludente) Einigung über Einbeziehung (vgl. § 310 Abs. 1 BGB)
3. Keine Geltung für den Vertrag trotz Einbeziehung
    – Überraschende Klauseln (§ 305 c Abs. 1 BGB)
    – Individuelle Abreden (§ 305 b BGB)
4. Inhaltliche Zulässigkeit der Klausel
    (gemäß § 307 Abs. 3 BGB zu prüfen, soweit Abweichung von/Modifizierung ge-
    setzlicher Vorschriften; außerdem § 310 Abs. 2, 4 BGB zu beachten)
    – Gegenüber Privatkunden/Verbrauchern (§ 13 BGB)
      → §§ 309, 308, 307 Abs. 1 u. 2 BGB
    – Gegenüber Unternehmern (§ 14 BGB)
      → § 307 Abs. 1 u. 2 BGB (vgl. § 310 Abs. 1 BGB)

68 Ausführlicher Erörterung bedürfen regelmäßig nur die Punkte 2 und 4. Die anderen Punkte sollten zwar immer angesprochen, aber nur näher erläutert werden, wenn dies durch den Sachverhalt angezeigt ist. Bei der Verwendung von AGB gegenüber Verbrauchern ist darauf zu achten, dass jede der drei Voraussetzungen des § 305 Abs. 2 BGB zu prüfen ist. Bei der Verwendung von AGB gegenüber Unternehmen kann es zur Kollision der AGB des Verwenders mit denen des Kunden kommen. Nach h. M. gelten die jeweiligen AGB grundsätzlich nur, soweit sie sich nicht widersprechen. Die inhaltliche Zulässigkeit sollte dabei selbst dann angesprochen werden, wenn man die Einbeziehung verneint hat (Hilfsgutachten, Klausur- bzw. Praxistaktik). Dabei ist zu berücksichtigen, dass sich die inhaltliche Unzulässigkeit einer AGB-Klausel nicht nur aus den §§ 307–309 BGB ergeben kann, sondern dass auch gesetzliche Verbote bezüglich Individualvereinbarungen für Regelungen in Allgemeinen Geschäftsbedingungen zu beachten sind. So kann etwa bei einem Verbrauchsgüterkauf (§ 474 Abs. 1 BGB) von den in § 475 Abs. 1 BGB genannten Bestimmungen auch nicht durch Allgemeine Geschäftsbedingungen abgewichen werden.

69 Auch bei der Inhaltskontrolle von Allgemeinen Geschäftsbedingungen gibt es eine Besonderheit, wenn diese gegenüber Unternehmern verwendet werden. Zwar dürfen nach § 310 Abs. 1 Satz 1 BGB insoweit die §§ 308, 309 BGB nicht angewendet werden. Gleichwohl können zur Beantwortung der Frage, ob eine unangemessene Benachteiligung i. S. v. § 307 Abs. 1 Satz 1 BGB vorliegt, die in den §§ 308, 309 BGB genannten Sachverhalte herangezogen werden (so jetzt auch § 310 Abs. 1 Satz 2 BGB). Allerdings ist eine endgültige Beurteilung der Unzulässigkeit erst nach einer Interessenabwägung im konkreten Einzelfall möglich. Dabei sind insbesondere die im Handelsverkehr geltenden Gewohnheiten und Gebräuche zu berücksichtigen.

70 Kommt man anhand vorstehender Prüfung zur Wirksamkeit der Klausel, verdrängt die AGB-Bestimmung die gesetzliche Regelung. Ist sie gültig, bleibt der Inhalt aber unklar, ist die Auslegungsregel des § 305 c Abs. 2 BGB zu beachten. Kommt man zur Ungültigkeit der Klausel, bestimmt sich gemäß § 306

BGB die Rechtslage nach dem Gesetz bzw. der Parteienabrede. Eine **geltungserhaltende Reduktion**, d. h. eine Auslegung der Klausel so, dass sie noch gültig ist, ist verboten.

c) Fallbeispiel

■ Fall 11

Firma Flink stellt Türen her und vertreibt sie über ein kleines Geschäftslokal. **71** Privatmann Paul bestellt 3 Kunststofftüren zum Stückpreis von 200,– €. Im Verkaufsraum hängt an zentraler Stelle ein Aushang mit dem Titel „Verkaufs- und Lieferbedingungen". Ziffer 3 dieser Bedingungen lautet:

„Die Preise sind freibleibend. Bei einer zwischenzeitlichen Steigerung der Herstellungskosten werden die zum Tage der Lieferung geltenden Preise berechnet."

An anderer Stelle, insbesondere auf dem Bestellvordruck, wird auf die Verkaufs- und Lieferbedingungen nicht hingewiesen. Flink verlangt bei Lieferung der Türen von Paul einen Preis von 220,– € pro Tür, da durch Preiserhöhungen von Lieferanten die Herstellungskosten gestiegen seien.

Kann Flink von Paul Zahlung von 660,– € verlangen?

Abwandlung:

Ändert sich die Rechtslage, wenn Kunde das Bauunternehmen Baumann ist, das seit vielen Jahren von der Flink Türen bezieht?

Lösung:

Flink könnte gegen Paul ein Anspruch auf Zahlung von 660,– € nach § 433 Abs. 2 BGB zustehen.

Voraussetzung dafür ist, dass ein Kaufvertrag zwischen Flink und Paul über 220,– €/Tür wirksam vorliegt. Ein Kaufvertrag kommt durch zwei übereinstimmende Willenserklärungen zu Stande. Diese liegen hier grundsätzlich durch die Bestellung des Paul und die Bestellungsannahme durch Flink vor. Bezüglich des Preises wurde jedoch nur eine Einigung über 200,– €/Tür erzielt. Fraglich ist, ob Flink einen Anspruch auf den höheren Preis durch die Preisanpassungsklausel der Ziff. 3 der Lieferbedingungen hat. Dazu müsste die Klausel Vertragsbestandteil geworden sein.

Zu prüfen ist zunächst, ob eine AGB gemäß § 305 Abs. 1 BGB vorliegt. Dies ist erfüllt, da es sich bei der Klausel um eine für eine Vielzahl von Verträgen vorformulierte Vertragsbedingung handelt. Damit finden die Regelungen über Allgemeine Geschäftsbedingungen uneingeschränkt Anwendung, da weder § 310 Abs. 2, 4 BGB (kein dort genannter Vertragsgegenstand) noch § 310 Abs. 1 BGB (Paul kein Unternehmer i. S. v. § 14 BGB) erfüllt sind.

Weiterhin müsste die AGB wirksam in den Vertrag einbezogen worden sein. Dazu müssten die Voraussetzungen des § 305 Abs. 2 BGB erfüllt sein. Bei Vertragsabschluss wurde nicht ausdrücklich auf die AGB hingewiesen. Auch ist nicht ersichtlich, dass ein ausdrücklicher Hinweis den Vertragsabschluss unzumutbar erschweren würde. Folglich konnte der Hinweis auch nicht durch den deutlich sichtbaren Aushang ersetzt werden. § 305 Abs. 2 Nr. 1 BGB ist nicht erfüllt. Daher ist die Klausel nicht wirksam in den Vertrag einbezogen worden. Selbst wenn dies der Fall gewesen wäre, wäre die Klausel unwirksam, da sie entgegen § 309 Nr. 1 BGB Preiserhöhungen in den ersten 4 Monaten zulässt.

Nun ist § 306 BGB zu beachten, nach dem der Vertrag im Übrigen wirksam bleibt, auch wenn die AGB nicht einbezogen wurden. Daher gilt der Kaufvertrag zwischen Flink und Paul mit dem Preis von 200,– €/Tür. Ein Anspruch von Flink gegen Paul auf Zahlung von 660,– € nach § 433 Abs. 2 BGB besteht folglich nicht.

Abwandlung:

Flink könnte ein Anspruch gegen Baumann auf Zahlung von 660,– € gemäß § 433 Abs. 2 BGB zustehen.

Voraussetzung dafür ist, dass zwischen Flink und Baumann ein Kaufvertrag besteht. Dieser kommt durch zwei übereinstimmende Willenserklärungen zu Stande. Dies ist hier der Fall. Allerdings wurde eine Einigung hinsichtlich des Preises nur über 200,– €/Tür getroffen. Fraglich ist deshalb, ob Flink einen Anspruch auf den höheren Preis durch die Preisanpassungsklausel der Ziff. 3 der Lieferbedingungen hat. Dazu müsste die Klausel Vertragsbestandteil geworden sein.

Zu prüfen ist zunächst, ob eine AGB gemäß § 305 Abs. 1 BGB vorliegt. Dies ist erfüllt, da es sich bei der Klausel um eine für eine Vielzahl von Verträgen vorformulierte Vertragsbedingung handelt.

Weiterhin ist zu prüfen, ob die AGB wirksam in den Vertrag einbezogen wurden. Dazu müssten die Voraussetzungen des § 305 Abs. 2 BGB erfüllt sein. Der § 305 Abs. 2 BGB ist hier gem. § 310 Abs. 1 Satz 1 BGB nicht anwendbar, da es sich bei Baumann um ein Unternehmen (§ 14 BGB) handelt. Somit wären die AGB nur einbezogen worden, wenn sich Flink und Baumann entsprechend geeinigt hätten. Zwischen Flink und Baumann bestehen langjährige Geschäftsbeziehungen, sodass Baumann mit der Geltung von AGB rechnen musste. Außerdem ist bei Kaufleuten die Verwendung von AGB üblich. Damit sind diese durch konkludente Einigung in den Vertrag einbezogen worden.

Weiterhin müsste die Klausel inhaltlich zulässig sein. Zu prüfen sind daher §§ 307 ff. BGB. In diesem Fall ist § 309 Nr. 1 BGB nach § 310 Abs. 1 Satz 1 BGB nicht anwendbar, da Baumann Kaufmann ist. Jedoch könnte die Klausel gegen § 307 BGB verstoßen. Das wäre der Fall, wenn die Klausel den Partner unangemessen benachteiligen würde. Laut Klausel sind bzgl. Zeitpunkt und Höhe unbegrenzte Preisänderungen möglich. Dem Kunden wird damit jede Kalkulationsmöglichkeit bezüglich des Einkaufspreises genommen. Seine

Möglichkeit, eigene Preise zu kalkulieren, wird dadurch unzumutbar erschwert. Dies stellt eine unangemessene Benachteiligung des Kunden dar. Folglich ist Ziff. 3 der Lieferbedingungen unwirksam. Daher hat Flink gegen Baumann keinen Anspruch auf Zahlung von 660,– € gemäß § 433 Abs. 2 BGB. Die Rechtslage ändert sich also nicht.

(Zu beachten ist jedoch § 306 BGB, nach welchem der Vertrag trotz Unwirksamkeit einzelner Klauseln wirksam bleibt. Danach hat Flink gegen Baumann einen Anspruch auf Zahlung von 600,– €.)

2. Prüfung von Schadensersatzansprüchen wegen Unmöglichkeit der Leistung

a) Einführung

Bei den Schadensersatzansprüchen im Zusammenhang mit der Unmöglich-   72
keit der Leistungserbringung ist zwischen anfänglicher und nachträglicher Unmöglichkeit zu unterscheiden. Bei der anfänglichen Unmöglichkeit gem. § 311 a Abs. 2 BGB besteht ein Schadensersatzanspruch unabhängig von einem Verschulden des Schuldners bezüglich des die Unmöglichkeit begründenden Umstandes. Allerdings setzt ein Schadensersatzanspruch die positive Kenntnis des Schuldners oder die fahrlässige Unkenntnis des Leistungshindernisses voraus. Bei der nachträglichen Unmöglichkeit ist gem. §§ 280 Abs. 1, 3, 283 BGB Voraussetzung des Schadensersatzanspruches, dass der Schuldner den die Unmöglichkeit begründenden Umstand zu vertreten hat. Gegenstand des Anspruchs ist der Ersatz des Schadens, der dadurch entstanden ist, dass die Leistung nicht erbracht wurde (Schadensersatz statt der Leistung). Aufwendungen, die der Gläubiger in Erwartung der Leistung erbracht hat, zählen nicht zu diesem Schaden. Sie können aber gem. § 284 BGB erstattet verlangt werden.

b) Prüfungsablauf

Übersicht 17   73

§ 311 a Abs. 2 BGB – Anfängliche Unmöglichkeit
1. Bestehen eines Schuldverhältnisses
2. Befreiung von der Leistungspflicht gemäß § 275 Abs. 1–3 BGB (vgl. Übersicht 12 Rn. 53)
3. Unmöglichkeit bestand schon bei Vertragsschluss (§ 311 a Abs. 1 BGB)
4. Soweit bereits Teilleistung bewirkt, kein Interesse an der Teilleistung (§§ 311 a Abs. 2, 281 Abs. 1 Satz 2 BGB)
5. Kenntnis des Schuldners von dem Leistungshindernis bzw. Vertretenmüssen der Unkenntnis (§ 311 a Abs. 2 BGB)
6. Schaden

74 Bei der Prüfung des § 311 a Abs. 2 BGB wird der Schwerpunkt regelmäßig bei der Frage liegen, ob der Schuldner das Leistungshindernis bei Vertragsschluss kannte oder seine Unkenntnis i. S. v. § 276 BGB zu vertreten hat. Wichtig ist, dass für diese Voraussetzung die Beweislast beim Schuldner liegt. D. h., er muss nachweisen, dass er von der Unmöglichkeit nichts wusste und auch nichts wissen musste.

75

> **Übersicht 18**
>
> **§§ 280 Abs. 1, 3, 283 BGB – Nachträgliche Unmöglichkeit**
> 1. Bestehen eines Schuldverhältnisses
> 2. Befreiung von der Leistungspflicht gemäß § 275 Abs. 1–3 BGB (vgl. Übersicht 12 Rn. 53)
> 3. Eintritt der Unmöglichkeit nach Vertragsabschluss
> 4. Vertretenmüssen des Schuldners (§ 280 Abs. 1 Satz 2 BGB)
>   → Kann sich ergeben aus § 276 BGB oder § 278 BGB
> 5. Soweit bereits Teilleistung bewirkt, kein Interesse an der Teilleistung (§§ 280 Abs. 3, 281 Abs. 1 Satz 2 BGB)
> 6. Schaden

Bei der Anwendbarkeit des Schemas ist darauf zu achten, dass im Kauf-, Miet- und Werkvertragsrecht Sonderregelungen für die Rechtsfolgen bei Vorliegen eines Mangels existieren. Diese verdrängen die §§ 280 ff. BGB.

76 Bezüglich des Prüfungspunktes 4 kann gelegentlich die Haftungsmilderung des § 300 Abs. 1 BGB relevant werden. Danach hat der Schuldner, wenn und solange sich der Gläubiger im Annahmeverzug befindet (vgl. Rn. 96 f.), nur grobe Fahrlässigkeit und Vorsatz zu vertreten. Das bedeutet, dass eine leicht fahrlässige Herbeiführung der Unmöglichkeit keinen Schadensersatzanspruch des Gläubigers auslöst.

c) Fallbeispiel

■ **Fall 12**

77 Mieter Redlich schließt mit Haimann einen schriftlichen Mietvertrag über eine in dessen Mehrfamilienhaus in der Stadt gelegene Wohnung fest für 5 Jahre ab. Was beide Parteien nicht wissen ist, dass bereits vor Abschluss des Mietvertrages der Blitz in das Gebäude eingeschlagen hatte und es deshalb vollständig abgebrannt ist. Redlich mietet deshalb eine vergleichbare Ersatzwohnung, für die er mehr Miete zahlen muss.

Kann Redlich von Haimann Ersatz der zusätzlich zu zahlenden Miete verlangen?

Abwandlung:

Ändert sich die Rechtslage, wenn das Mehrfamilienhaus zwei Jahre nach Abschluss des Mietvertrages aufgrund eines Kurzschlusses abbrennt, weil Hai-

mann die an der Elektroanlage des Hauses dringend erforderlichen Arbeiten nicht hat durchführen lassen?

Lösung:

Redlich könnte von Haimann Ersatz der zusätzlich zu zahlenden Miete gem. § 311 a Abs. 2 BGB verlangen.

Voraussetzung hierfür ist, dass zwischen den Parteien ein Schuldverhältnis besteht. Redlich und Haimann haben einen Mietvertrag gemäß § 535 BGB geschlossen. Damit liegt zwischen den Parteien ein Schuldverhältnis vor.

Weitere Voraussetzung für § 311 a Abs. 2 BGB ist, dass Haimann gem. § 275 Abs. 1 BGB von seiner Leistungspflicht befreit worden ist. Das ist dann der Fall, wenn die Leistung für ihn oder für jedermann unmöglich geworden ist. Gem. § 535 Abs. 1 BGB besteht die Leistungspflicht des Vermieters in der Überlassung des Gebrauchs der Mietsache. Indem das Gebäude vollständig abbrannte, ist diese Leistungspflicht unmöglich geworden. Folglich ist Haimann von seiner sich aus § 535 Abs. 1 BGB ergebenden Leistungspflicht gem. § 275 Abs. 1 BGB befreit worden.

Weiterhin müsste für einen Anspruch aus § 311 a Abs. 2 BGB die Unmöglichkeit schon bei Vertragsschluss bestanden haben. Diese Voraussetzung ist hier erfüllt, da das Gebäude bereits bei Abschluss des Vertrages abgebrannt war.

Letzte Voraussetzung ist, dass Haimann die Unmöglichkeit kannte bzw. hätte kennen müssen. Haimann wusste nichts von dem Blitzeinschlag, und es ist auch nicht ersichtlich, dass er davon hätte wissen müssen. Damit ist diese Voraussetzung nicht erfüllt.

Folglich kann Redlich von Haimann nicht Ersatz seiner Mehraufwendungen für die Anmietung der Ersatzwohnung verlangen.

Abwandlung:

1. Haimann könnte gem. §§ 280 Abs. 1, 3, 283 BGB verpflichtet sein, Redlich die für die Anmietung der Ersatzwohnung entstehenden Aufwendungen zu ersetzen.

Voraussetzung ist, dass diese Vorschriften anwendbar sind. Das ist dann nicht der Fall, wenn sie durch Spezialvorschriften verdrängt werden. In Betracht kommt § 536 a BGB. Dieser regelt ab Überlassung der Mietsache die Haftung des Vermieters für Mängel ohne Anknüpfung an den Grundtatbestand des § 280 BGB eigenständig. Redlich begehrt Ersatz der Miete für die Ersatzwohnung, weil Haimann nach dem Brand die Wohnung nicht mehr zur Verfügung stellen kann. Die Untauglichkeit der Mietsache stellt nach ihrer Überlassung einen Mangel im Sinne des § 536 BGB dar, selbst wenn, wie hier, die Tauglichkeit nicht ohne Weiteres wiederhergestellt werden kann (BGHZ 93, 142). Damit richten sich die Ansprüche des Redlich allein nach § 536 a BGB.

2. Redlich könnte ein Anspruch auf Ersatz seiner Mietkosten gemäß § 536 a BGB zustehen.

Voraussetzung ist das Bestehen eines Mietvertrages. Ein solcher liegt, wie bereits geprüft, vor.

Weiter müsste nach Überlassung der Mietsache ein Mangel im Sinne des § 536 BGB aufgetreten sein. Das ist, wie bereits dargelegt, der Fall.

Schließlich müsste Haimann den Umstand, der zum Mangel geführt hat, zu vertreten haben (§ 536 a Abs. 1 Satz 1 BGB). Das Vertretenmüssen des Schuldners ergibt sich aus § 276 BGB. Danach hat er grundsätzlich Vorsatz und Fahrlässigkeit zu vertreten. Das Mietobjekt ist infolge eines Kurzschlusses der Elektroanlage abgebrannt. Dieser Kurzschluss ist entstanden, weil Haimann dringend erforderliche Arbeiten an der Elektroanlage nicht hat durchführen lassen. Damit liegt ein Vertretenmüssen des Haimann vor.

Redlich ist durch die Nichterbringung der Leistung auch ein Schaden entstanden, indem er eine Ersatzwohnung anmieten musste, für die er mehr Miete zahlen musste.

Damit sind alle Voraussetzungen erfüllt. Redlich kann deshalb von Haimann Ersatz der zusätzlich zu zahlenden Miete verlangen.

3. Prüfung von Schadensersatzansprüchen wegen Verzögerung der Leistung

a) Einführung

78 Ansprüche wegen der Verzögerung von Leistungspflichten treten, wie bereits oben erwähnt, in Praxis und Klausur sehr häufig auf. Im Folgenden geht es um das Recht des Gläubigers auf Schadensersatz. Es ist zwischen der Geltendmachung des bloßen Verzögerungsschadens und Schadensersatzansprüchen wegen Ausbleibens der Leistung (früher „Nichterfüllungsschaden", jetzt „Schadensersatz statt der Leistung" genannt) zu unterscheiden.

b) Prüfungsablauf

Verzögerungsschaden

79 Der Anspruch auf Ersatz des Verzögerungsschadens setzt nach § 280 Abs. 1, 2 BGB voraus, dass der Schuldner sich im **Verzug** befindet. Die Verzugsvoraussetzungen sind in § 286 Abs. 1 BGB geregelt. In einer Klausur wird es darauf ankommen, die Fälle zu kennen, in denen eine Mahnung entbehrlich ist. Nach § 286 Abs. 2 BGB ist eine Mahnung insbesondere entbehrlich, wenn für die Leistung genaue zeitliche Vorgaben bestehen (Nr. 1 und Nr. 2). Nach § 286 Abs. 3 BGB gerät der Schuldner einer Geldforderung 30 Tage nach Fälligkeit und Rechnungsstellung oder Übersendung einer gleichwertigen Zahlungsaufstellung in Verzug, auch wenn die Voraussetzungen nach § 286 Abs. 1 oder 2 BGB nicht vorliegen. Zu beachten ist allerdings, dass dies gegenüber Verbrauchern nur gilt, wenn auf diese Folgen in der Rechung oder der Zahlungsaufstellung besonders hingewiesen wurde (§ 286 Abs. 3 Satz 1 2. HS BGB).

Übersicht 19 80

§§ 280 Abs. 1, 2, 286 BGB
1. Bestehen eines Schuldverhältnisses
2. Pflichtverletzung durch Nichterbringung der Leistung trotz Fälligkeit, Möglichkeit und Durchsetzbarkeit der Leistungspflicht
3. Mahnung (§ 286 Abs. 1 BGB)/Entbehrlichkeit der Mahnung unter den Voraussetzungen des § 286 Abs. 2 BGB oder bei Geldschulden Ablauf der 30-Tagesfrist (§ 286 Abs. 3 BGB)
4. Vertretenmüssen des Schuldners (§ 280 Abs. 1 Satz 2 BGB)
   → Kann sich ergeben aus § 276 BGB oder § 278 BGB
5. Verzögerungsschaden

Das Erfordernis des Verschuldens für den Ersatz des Verzögerungsschadens 81 ergibt sich bereits aus § 280 Abs. 1 Satz 2 BGB. Die Aufnahme des Verschuldenserfordernisses auch in § 286 Abs. 4 BGB dient daher nur der Klarstellung und hat nur für die anderen Rechtsfolgen des Verzuges wie zum Beispiel die Haftungsverschärfung nach § 287 BGB Bedeutung. Zu beachten ist der neu gefasste § 288 Abs. 5 und 6 BGB. Danach besteht gegenüber Schuldnern, die keine Verbraucher sind, ein Anspruch auf einen pauschalen Schadensersatz von 40 €.

Schadensersatz statt der Leistung/Nichterfüllungsschaden

Der Anspruch auf Schadensersatz statt der Leistung setzt weder das Vorliegen 82 von Verzug noch eine Ablehnungsandrohung bei der Nachfristsetzung voraus. Entscheidend ist nur das Ausbleiben der Leistung und die Setzung einer Nachfrist.

Übersicht 20 83

§§ 280 Abs. 1, 3, 281 Abs. 1 BGB
1. Bestehen eines Schuldverhältnisses
2. Pflichtverletzung durch Nichterbringung der Leistung trotz Fälligkeit, Möglichkeit und Durchsetzbarkeit der Leistungspflicht
3. Vertretenmüssen des Schuldners (§ 280 Abs. 1 Satz 2 BGB)
   → Kann sich ergeben aus § 276 BGB oder § 278 BGB
4. Setzung einer angemessenen Nachfrist (§ 281 Abs. 1 BGB), soweit nicht gemäß § 281 Abs. 2 BGB entbehrlich bzw. Vornahme einer Abmahnung (§ 281 Abs. 3 BGB)
5. Ablauf der Nachfrist
6. Soweit Teilleistung bewirkt, kein Interesse an dieser (§ 281 Abs. 1 Satz 2 BGB)
7. Schaden durch das Ausbleiben der Leistung

84 Wichtigster Fall der Entbehrlichkeit einer Nachfristsetzung ist die ernsthafte und endgültige Erfüllungsverweigerung (§ 281 Abs. 2 1. Fall BGB). § 281 Abs. 2 2. Fall BGB stellt einen Auffangtatbestand dar. Die sofortige Geltendmachung des Schadensersatzanspruchs ist danach z. B. dann möglich, wenn durch Gewährung einer Nachfrist ein größerer Schaden zu erwarten ist.

Hinzuweisen ist noch darauf, dass erst mit dem Schadensersatzverlangen, nicht schon mit erfolglosem Ablauf der Nachfrist, der Anspruch auf Erfüllung der Leistung ausgeschlossen ist (§ 281 Abs. 4 BGB). Anstelle des Schadensersatzes statt der Leistung kann der Gläubiger nach § 284 BGB auch seine vergeblichen Aufwendungen ersetzt verlangen. Darunter sind die Aufwendungen zu verstehen, die er im berechtigten Vertrauen auf den Erhalt der Leistung vergeblich getätigt hat (sog. **Frustrationsschaden**). Beispiele sind Reise- oder Übernachtungskosten im Zusammenhang mit einem abgesagten Konzert oder die Anschaffung von speziellem Autozubehör im Vertrauen auf das Fortbestehen des Kaufvertrages über einen Pkw (BGH, NJW 2005, 2848). Auch für den Anspruch nach § 284 BGB müssen die im obigen Schema genannten Voraussetzungen vorliegen.

c) Fallbeispiel

■ Fall 13

85 Holzmann verkauft am 20.3. eine Holzbearbeitungsmaschine zum Preis von 20.000,– € an Künne. Da Holzmann seiner Lieferverpflichtung nicht nachkommt, mahnt ihn Künne am 2.4. zunächst schriftlich, weil er seinerseits einen Kaufinteressenten für die Maschine hat, der bereit ist, 25.000,– € zu zahlen. Da die Mahnung nicht erfolgreich ist, lässt Künne den Holzmann am 20.4. durch Rechtsanwalt Pfiffig noch einmal mahnen. Pfiffig erklärt, sein Mandant Künne verlange Lieferung bis zum 15.5. Nach Ablauf der Frist habe er kein Interesse mehr an der Lieferung. Die Frist verstreicht ergebnislos. Künne verlangt nunmehr Schadensersatz.

a) Kann Künne von Holzmann Ersatz des entgangenen Gewinns in Höhe von 5.000,– € verlangen?

b) Kann Künne von Holzmann Ersatz der Anwaltskosten verlangen, die durch die Tätigkeit von Pfiffig entstanden sind?

Lösung:

Frage a)

Künne kann möglicherweise von Holzmann Ersatz des entgangenen Gewinns in Höhe von 5.000,– € gem. §§ 280 Abs. 1, 3, 281 Abs. 1 BGB verlangen.

Dazu müsste zwischen den Parteien ein Schuldverhältnis bestehen. Dies ist der Kaufvertrag.

Weiterhin müsste die Leistungspflicht des Holzmann fällig, möglich und durchsetzbar gewesen sein. Bezüglich der Fälligkeit hatten die Parteien keine

Vereinbarung getroffen. Damit ist die Leistung gem. § 271 BGB sofort fällig. Die Leistung des Holzmann, nämlich Lieferung und Übereignung der Maschine, war auch möglich und durchsetzbar.

Als Nächstes dürfte Holzmann die Leistung nicht erbracht haben. Diese Voraussetzung ist unproblematisch gegeben.

Weiterhin müsste Holzmann die Nichterbringung der Leistung zu vertreten haben. Das Vertretenmüssen ergibt sich aus § 276 BGB. Danach hat der Schuldner, wenn nichts Anderes bestimmt ist, Vorsatz und Fahrlässigkeit zu vertreten. Die Nichterbringung der Leistung durch Holzmann war mindestens fahrlässig, da er nichts Gegenteiliges vorgetragen hat (§ 280 Abs. 1 Satz 2 BGB).

Weiterhin müsste Künne dem Holzmann gem. § 281 Abs. 1 BGB eine angemessene Nachfrist gesetzt haben. Er ließ Holzmann am 20.4. durch seinen Rechtsanwalt mitteilen, dass er Lieferung bis zum 15.5. verlange. Diese Frist ist angemessen.

Weiterhin müsste diese Nachfrist ergebnislos verstrichen sein. Das ist der Fall.

Damit sind alle Voraussetzungen erfüllt. Künne kann von Holzmann Ersatz des entgangenen Gewinns in Höhe von 5.000,– € verlangen.

Frage b)

Holzmann könnte gem. §§ 280 Abs. 1, 2, 286 BGB verpflichtet sein, Künne die durch die Tätigkeit des Pfiffig entstandenen Anwaltskosten zu ersetzen.

Dazu müsste Holzmann eine Leistung trotz bestehenden Schuldverhältnisses nicht erbracht haben. Das ist, wie bereits geprüft, der Fall. Die Leistung war auch fällig, möglich und durchsetzbar.

Weitere Voraussetzung ist, dass sich Holzmann zu dem Zeitpunkt, als die Anwaltskosten entstanden sind, im Verzug befunden hat. Die Voraussetzungen des Verzuges ergeben sich aus § 286 Abs. 1 BGB. Danach tritt Verzug aufgrund einer Mahnung des Gläubigers ein, die nach Eintritt der Fälligkeit erfolgt sein muss. Künne mahnte den Holzmann bereits am 2.4. selbst. Da zu diesem Zeitpunkt, wie bereits ausgeführt, die Leistung des Holzmann fällig war, ist dieser mit Zugang der vorgenannten Mahnung in Verzug geraten. Hätte dagegen erst die Mahnung des Anwalts zum Eintritt des Verzugs geführt, könnte Künne die Anwaltskosten nicht als Verzugsschaden geltend machen. Diese wären auch nicht von der Pauschale des § 288 Abs. 5 BGB erfasst, da auch dieser Anspruch Verzug voraussetzt.

Weitere Voraussetzung ist, dass der Holzmann den Verzug zu vertreten hat (§ 280 Abs. 1 Satz 2 BGB). Auch dies ist, wie schon oben geprüft, der Fall.

Nach Eintritt des Verzuges hat Künne Rechtsanwalt Pfiffig eingeschaltet. Bei den dadurch entstandenen Kosten handelt es sich somit um den Verzögerungsschaden.

Folglich kann Künne von Holzmann Ersatz der Anwaltskosten verlangen.

Anmerkung: Der Fall ist ein Beispiel dafür, dass Schadensersatzansprüche statt der Leistung und neben der Leistung auch nebeneinander vorkommen können.

4. Prüfung von Schadensersatzansprüchen wegen Schlechtleistung

a) Einführung

86 Die Rechtsfolgen wegen Schlechtleistung sind, wie bereits ausgeführt, abschließend gesetzlich geregelt. Grundsätzlich bestimmen sie sich nach den §§ 280 ff. BGB. Allerdings ist zu beachten, dass, wenn die Schlechtleistung einen Mangel i. S. des Kauf-, Miet- oder Werkvertragsrechts darstellt, entsprechende Sonderregelungen gelten. Diese verdrängen die §§ 280 ff. BGB, sodass die folgenden Prüfungsabläufe bei Vorliegen von Mängeln nicht direkt angewandt werden dürfen. Allen Regelungen liegt die Unterscheidung nach der Art des eingetretenen Schadens zu Grunde. Allein aus der Grundnorm des § 280 Abs. 1 BGB kann nur der Schaden ersetzt verlangt werden, der unmittelbar durch die Schlechtleistung entsteht (= Schadensersatz neben der Leistung oder Schlechtleistungsschaden). Möchte der Gläubiger dagegen so gestellt werden, wie er bei ordnungsgemäßer Erfüllung gestanden hätte, das heißt nach der Terminologie des BGB Schadensersatz statt der Leistung verlangen, müssen die zusätzlichen Voraussetzungen des § 281 BGB (Verletzung der Hauptpflicht) erfüllt sein. Aufwendungen, die der Gläubiger in Erwartung der Leistung erbracht hat, sind kein Schadensersatzposten, sondern können gem. § 284 BGB erstattet verlangt werden.

b) Prüfungsabläufe

Schlechtleistungsschaden

87 Als Schlechtleistungsschaden lassen sich alle unfreiwilligen Vermögensopfer des Gläubigers unmittelbar aufgrund der Schlechtleistung bezeichnen. Nach altem Recht konnten diese Schäden nur unter den Voraussetzungen der positiven Vertragsverletzung ersetzt verlangt werden.

88   **Übersicht 21**

§ 280 Abs. 1 BGB – Ersatz des Schlechtleistungsschadens
1. Bestehen eines Schuldverhältnisses
   → Vertrag (§ 311 Abs. 1 BGB)
2. Pflichtverletzung durch Schlechtleistung
   → Verletzung der Hauptleistungspflicht oder Nebenleistungspflichten (soweit keine Spezialnormen vorhanden)
3. Vertretenmüssen des Schuldners (§ 280 Abs. 1 Satz 2 BGB)
   → Kann sich ergeben aus § 276 BGB oder § 278 BGB
4. Schaden infolge der Schlechtleistung

Verlangt werden kann der Schaden, für den die Pflichtverletzung adäquat kausal war. Schadensposten sind danach z. B. auch Rechtsverfolgungskosten, Kreditkosten und entgangener Gewinn.

Schadensersatz statt der Leistung/Nichterfüllungsschaden

Übersicht 22   89

§§ 280 Abs. 1, 3, 281 BGB – Schadensersatz statt der Leistung/ Nichterfüllungsschaden bei Schlechterfüllung einer leistungsbezogenen Pflicht
1. Bestehen eines Schuldverhältnisses
2. Pflichtverletzung durch Schlechterfüllung der Hauptpflicht/Leistungspflicht
3. Vertretenmüssen (§ 280 Abs. 1 Satz 2 BGB)
   → Kann sich ergeben aus § 276 BGB oder § 278 BGB
4. Setzung einer angemessenen Frist zur Nacherfüllung (§ 281 Abs. 1 BGB), soweit nicht gemäß § 281 Abs. 2 BGB entbehrlich bzw. Vornahme einer Abmahnung (§ 281 Abs. 3 BGB)
5. Ablauf der Frist
6. Erheblichkeit der Pflichtverletzung (§ 281 Abs. 1 Satz 3 BGB)
7. Schaden durch Ausbleiben der Leistung

Anstelle des Schadensersatzes statt der Leistung kann der Gläubiger nach   90
§ 284 BGB auch seine vergeblichen Aufwendungen ersetzt verlangen. Darunter sind Aufwendungen zu verstehen, die er im berechtigten Vertrauen auf den Erhalt der Leistung vergeblich getätigt hat (sog. Frustrationsschaden). Auch für den Anspruch nach § 284 BGB müssen die im obigen Schema genannten Voraussetzungen vorliegen.

c) Fallbeispiel

■ **Fall 14**

Meier betreibt ein Bauunternehmen. Er besitzt fünf Kräne, hat jedoch selbst   91
nur die Möglichkeit, vier Kräne bei sich unterzustellen. Da der Winter naht und er deshalb keine Baustellen hat, an denen er die Kräne aufstellen kann, wendet er sich an den mit ihm befreundeten Bauunternehmer Stein und bittet ihn, den Kran bei sich zu verwahren. Stein, der genug Platz hat und sich auch gerne noch etwas dazuverdienen möchte, willigt ein. Meier bringt deshalb einen seiner Kräne in die Halle des Stein. Die Parteien vereinbaren, dass Stein für die Verwahrung des Krans 2.000,– € erhält. Da Stein während des Winters kaum Aufträge hat, er aber andererseits seine Mitarbeiter beschäftigen möchte, ordnet er an, dass diese die Halle, in der auch der Kran des Meier steht, aufräumen, reinigen und streichen sollen. Bei dieser Aktion fährt Mitarbeiter Schusselig mit einem Gabelstapler gegen den Kran des Meier. Es entsteht ein Schaden von 10.000,– €.

Kann Meier von Stein unter vertraglichen Gesichtspunkten Ersatz der 10.000,– € verlangen?

Lösung:

Meier kann möglicherweise von Stein Ersatz des Schadens in Höhe von 10.000,– € gem. § 280 Abs. 1 BGB verlangen.

Voraussetzung hierfür ist, dass zwischen Meier und Stein ein Schuldverhältnis besteht. Meier und Stein haben vereinbart, dass Stein den Kran des Meier den Winter über bei sich verwahrt. Folglich besteht zwischen den Parteien ein Verwahrungsvertrag i. S. d. § 688 BGB.

Weiterhin müsste Stein seine Pflichten aus dem Vertrag schlecht erfüllt haben. Eine derartige Schlechtleistung kann in der Verletzung sowohl von Haupt- und Nebenpflichten als auch der Verletzung einer Pflicht aus § 241 Abs. 2 BGB bestehen. Stein hat die sich aus § 688 BGB ergebende Verwahrungspflicht schlecht erfüllt. Dabei handelt es sich um die Hauptpflicht. Bei der Verletzung von Hauptpflichten ist allerdings noch zu prüfen, ob nicht irgendwelche Spezialregelungen bezüglich des Ersatzes von Schäden vorhanden sind. In den §§ 688 ff. BGB existieren jedoch keine Spezialnormen, die Schadensersatzansprüche bezüglich der Schlechterfüllung der Verwahrungspflicht regeln. Deshalb ist auch diese Voraussetzung erfüllt. Eine Schlechterfüllung der Hauptleistungspflicht seitens des Stein ist damit gegeben.

Weiterhin müsste Stein die Schlechtleistung zu vertreten haben (§ 280 Abs. 1 Satz 2 BGB). Stein hat zwar selbst den Kran nicht beschädigt. Vielmehr ist Schusselig mit dem Gabelstapler gegen den Kran gefahren. Ein Verschulden des Stein liegt nur dann vor, wenn ihm das schuldhafte Verhalten des Schusselig zugerechnet werden kann. Eine derartige Zurechnung könnte gem. § 278 BGB erfolgen. Dazu müsste Schusselig Erfüllungsgehilfe des Stein sein. Erfüllungsgehilfe ist, wer nach den tatsächlichen Gegebenheiten des Falles mit dem Willen des Schuldners bei der Erfüllung einer diesem obliegenden Verbindlichkeit als dessen Hilfsperson tätig wird. Als Mitarbeiter des Stein wird Schusselig bei der Erfüllung der Verbindlichkeiten des Stein als dessen Hilfsperson tätig. Damit ist Schusselig Erfüllungsgehilfe des Stein, weswegen das Verschulden des Schusselig dem Stein zugerechnet werden kann. Folglich liegt ein Verschulden des Stein vor.

Weiterhin müsste ein Schaden entstanden sein. Diese Voraussetzung ist unproblematisch gegeben.

Folglich ist Stein verpflichtet, Meier gem. § 280 Abs. 1 BGB den entstandenen Schaden in Höhe von 10.000,– € zu ersetzen.

(Hinweis: §§ 823, 831 BGB sind hier nicht zu prüfen, da lediglich nach vertraglichen Ansprüchen gefragt war.)

5. Verletzung von Nebenpflichten i. S. v. § 241 Abs. 2 BGB

a) Einführung

§ 241 Abs. 2 BGB begründet die Pflicht, auf die Rechtsgüter, Rechte und Interessen der anderen Partei Rücksicht zu nehmen. Nach § 311 Abs. 2 BGB werden diese Pflichten insbesondere auch schon durch die Aufnahme von Vertragsverhandlungen und die Anbahnung von Verträgen begründet. Auch bei Verletzung dieser Nebenpflichten kommen Schadensersatzansprüche in Betracht. Dabei ist wiederum zwischen dem Ersatz des Schadens, der unmittelbar durch die Verletzung der Pflicht entsteht, und dem Schadensersatz statt der Leistung zu unterscheiden.

92

b) Prüfungsabläufe

Übersicht 23

93

§§ 280 Abs. 1, 241 Abs. 2 BGB – Schadensersatz neben der Leistung/Ersatz des unmittelbaren Verletzungsschadens

1. Bestehen eines Schuldverhältnisses
   - Vertrag (§ 311 Abs. 1 BGB)
   - Vorvertragliche Beziehung (§ 311 Abs. 2 BGB)
   - Aufgrund eines Vertrages mit Schutzwirkung zu Gunsten Dritter (§ 311 Abs. 3 Satz 2 1. Fall BGB)
   - Aufgrund der Inanspruchnahme besonderen Vertrauens (§ 311 Abs. 2 Satz 2 2. Fall BGB)
2. Pflichtverletzung
   → Verletzung einer Pflicht des § 241 Abs. 2 BGB
3. Vertretenmüssen des Schuldners (§ 280 Abs. 1 Satz 2 BGB)
   → Kann sich ergeben aus § 276 BGB oder § 278 BGB
4. Schaden infolge der Pflichtverletzung

Zu beachten ist, dass der Anspruch aus §§ 280, 241 Abs. 2 BGB über die Grundsätze des Vertrages mit Schutzwirkung zu Gunsten Dritter (vgl. dazu näher die Ausführungen im Glossar zu diesem Punkt) auch Personen zustehen kann, die selbst nicht Vertragspartner sind.

94

Soweit es um die Nichterfüllung einer nicht leistungsbezogenen Pflicht i. S. v. § 241 Abs. 2 BGB geht, ist für den Schadensersatz statt der Leistung nicht § 281 BGB, sondern § 282 BGB maßgeblich. Dieser setzt voraus, dass aufgrund der Pflichtverletzung die Entgegennahme der Leistung für den Gläubiger nicht mehr zumutbar ist.

95

Übersicht 24

§§ 280 Abs. 1, 282 BGB – Schadensersatz statt der Leistung/ Nichterfüllungsschaden bei Schlechterfüllung einer Pflicht aus § 241 Abs. 2 BGB
1. Bestehen eines Schuldverhältnisses
2. Verletzung einer Pflicht aus § 241 Abs. 2 BGB
3. Vertretenmüssen (§ 280 Abs. 1 Satz 2 BGB)
   → Kann sich ergeben aus § 276 BGB oder § 278 BGB
4. Hinnahme der Leistung für den Gläubiger nicht mehr zumutbar
5. Schaden infolge der Pflichtverletzung

6. Anspruch des Schuldners bei Gläubigerverzug (Annahmeverzug)

a) Einführung

96 Zu Störungen der Leistungsabwicklung kann es in der Praxis auch dadurch kommen, dass der Gläubiger die Leistung des Schuldners verspätet oder gar nicht annimmt (sog. Gläubiger- oder Annahmeverzug). Rechtsfolge ist unter anderem, dass der Schuldner gem. § 304 BGB seine dadurch entstehenden Mehraufwendungen ersetzt verlangen kann. Nach dem entsprechenden Anspruch kann in Klausuren gelegentlich gefragt werden. Die Frage nach dem Vorliegen von Gläubigerverzug wird außerdem häufig im Zusammenhang mit der Befreiung des Schuldners von seiner Leistungsverpflichtung infolge Untergangs des Leistungsgegenstands auftreten. Nach § 300 Abs. 1 BGB tritt bei Vorliegen des Gläubigerverzugs eine Haftungsmilderung für den Schuldner ein. Gem. § 326 Abs. 2 BGB führt der Gläubigerverzug zum Übergang der Preisgefahr auf den Gläubiger. Für die jeweils erforderliche Feststellung des Vorliegens eines Gläubigerverzuges kann auf den folgenden Prüfungsablauf zurückgegriffen werden.

b) Prüfungsablauf

97

Übersicht 25

§§ 304, 293 BGB – Anspruch auf Aufwendungsersatz bei Gläubigerverzug
1. Bestehen eines Schuldverhältnisses
2. Erfüllbarkeit des Anspruchs des Gläubigers (§ 271 Abs. 2 BGB)
3. Leistungsvermögen des Schuldners (§ 297 BGB)
4. Leistung vom Schuldner ordnungsgemäß angeboten
   a) Leistung entspricht der geschuldeten Leistung
   b) Leistung angeboten
      – tatsächlich am richtigen Ort und zu zumutbarer Zeit (§ 294)
      – wörtlich, sofern Gläubiger Nichtabnahme der Leistung angekündigt oder Mitwirkungshandlung verweigert hat (§ 295 BGB)
      – Entbehrlichkeit des Angebots wegen Nichteinhaltung der für die Mitwirkungshandlung des Gläubigers gesetzten Frist (§ 296 BGB)
5. Nichtannahme der Leistung (§ 293 BGB)
6. Mehraufwendungen des Schuldners infolge des Annahmeverzuges

Zu beachten ist, dass § 304 BGB keinen Schadensersatzanspruch einräumt. Ersetzbar sind daher nur die freiwilligen Vermögensopfer des Gläubigers, nicht dagegen die unfreiwilligen.

7. Prüfung von Ansprüchen aus abgetretenem Recht

a) Einführung

Die Abtretung betrifft den Erwerb von Forderungen, ist also ein **Verfügungs-** **98** **geschäft** (vgl. Ausführungen im Glossar zu diesem Punkt). In Klausuren wird es in der Regel nur darum gehen, ob das Verfügungsgeschäft wirksam abgeschlossen worden ist und welche Rechtsfolgen sich daraus ergeben. Die Wirksamkeit des zu Grunde liegenden Verpflichtungsgeschäfts (z. B. Factoringvertrag) ist wegen des Abstraktionsprinzips nur anzusprechen, wenn es der Sachverhalt ausdrücklich erfordert. Dann sind die Prüfungspunkte für das Entstehen von Verträgen (Übersicht 1 Rn. 10) maßgebend.

b) Prüfungsablauf

Übersicht 26 **99**

§§ 398 ff. BGB

1. Wirksame Einigung über Übergang der Forderung zwischen Altgläubiger und Neugläubiger (dinglicher Vertrag)
   - Einigung
   - Ggf. Einhaltung einer erforderlichen Form (z. B. §§ 1154, 1192 BGB)
2. Zur Abtretung geeigneter Forderung
   - bereits entstanden
   - in Zukunft möglich und bestimmbar
3. Altgläubiger, Inhaber der Forderung
   - Wirksamer Erwerb
   - Kein Untergang, z. B. durch frühere Abtretung
4. Für Forderung besteht kein Abtretungsverbot
   - Vertragliche Abrede
   - § 399 BGB
   - § 400 BGB
5. Keine Einwendungen des Schuldners
   - Befreiende Leistung an Altgläubiger oder Dritten (§§ 407, 408, 409 BGB)
   - Einreden des Schuldners gegen den Altgläubiger (§§ 404, 406 BGB)

Punkt 4 ist nur dann zu prüfen, wenn sich entsprechende Anhaltspunkte aus **100** dem Sachverhalt ergeben.

Ein häufig abgeprüftes Problem im Zusammenhang mit der Wirksamkeit des Abtretungsvertrages ist die Abtretung sämtlicher gegenwärtiger und zukünftiger Forderungen an Banken im Zusammenhang mit einer Darlehensgewährung (sog. **Globalzession**). Diese ist dann wegen eines Verstoßes gegen die guten Sitten nichtig (§ 138 BGB), soweit sie sich auf Forderungen erstreckt, die von einem verlängerten Eigentumsvorbehalt (vgl. Ausführungen im Glossar zu diesem Punkt) erfasst werden.

c) Fallbeispiel

■ Fall 15

101 Lieferant Lohmeier liefert den Unternehmen Ullrich, Valentin und Wanda ständig Waren. Gegen alle drei hat er noch Forderungen aus Lieferungen an sie.

Ullrich tritt dem Lohmeier zum Ausgleich der Forderung gegen ihn seine Ansprüche aus den zukünftigen Verkäufen bestimmter Waren an den Großkunden Garstig ab. Diese Ansprüche hatte Ullrich einige Monate zuvor auch an seine Hausbank zur Sicherung von Krediten abgetreten.

Valentin tritt zum Ausgleich von Lohmeiers Forderung seinen Anspruch auf Rückzahlung eines Darlehens gegenüber dem Privatmann Protz an Lohmeier ab. Ein solches Darlehen existiert allerdings überhaupt nicht, die von Valentin dem Lohmeier vorgelegte Urkunde hatte Valentin gefälscht.

Wanda schließlich tritt die Forderung gegen den Kunden König aus dem Verkauf von Waren an diesen ab.

Als Lohmeier die drei abgetretenen Forderungen einziehen will, beruft sich Garstig auf die Zahlung seiner Schulden an die Bank des Ullrich und Protz auf das Nichterhalten eines Darlehens durch Valentin. König zahlt nur die Hälfte, da die von Wanda gelieferten Waren fehlerhaft und damit nur die Hälfte wert gewesen wären.

Kann Lohmeier seine Ansprüche gegen Garstig, Protz und König durchsetzen?

Lösung:

1. Anspruch des Lohmeier gegen Garstig

Lohmeier könnte gegen Garstig gem. §§ 433 Abs. 2, 398 BGB einen Anspruch haben, wenn die entsprechende Forderung des Ullrich gegen Garstig wirksam an Lohmeier abgetreten worden ist.

Lohmeier hätte eine Forderung aus abgetretenem Recht gegen Garstig, wenn ein wirksamer Abtretungsvertrag zwischen Ullrich und ihm entstanden wäre und eine geeignete Forderung Gegenstand dieses Abtretungsvertrages war.

Gem. § 398 BGB setzt die wirksame Abtretung eine Einigung zwischen dem alten Forderungsinhaber und dem neuen Forderungsinhaber, hier also zwischen Lohmeier und Ullrich, voraus. Eine solche Einigung liegt vor.

Fraglich ist, ob Gegenstand dieser Abtretung eine geeignete Forderung war. Dazu musste zunächst zwischen Ullrich und Garstig eine Forderung bestanden haben. Ullrich hat seine Ansprüche gegen den Garstig aus § 433 Abs. 2 BGB abgetreten. Folglich bestand die Forderung. Der Umstand, dass die Forderungen noch nicht entstanden waren, ist unschädlich, da sie zum Zeitpunkt der Abtretung hinreichend bestimmt waren.

Problematisch ist jedoch, ob zum Zeitpunkt der Abtretung Ullrich überhaupt noch Inhaber der fraglichen Forderungen gegen Garstig war. Dies könnte deshalb nicht der Fall sein, weil Ullrich die entsprechenden Forderungen bereits vorher an die Hausbank abgetreten hatte. Die Abtretung als Verfügungsgeschäft bewirkt, dass die Forderung auf den neuen Gläubiger unmittelbar übergeht. Anhaltspunkte für eine Unwirksamkeit der Abtretung zwischen Ullrich und seiner Bank sind nicht ersichtlich, sodass Ullrich nicht mehr Inhaber der Forderung war. Damit konnte er seine Forderungen gegen Garstig nicht wirksam an Lohmeier abtreten.

Lohmeier hat damit keinen Anspruch gegen Garstig, da er die entsprechende Forderung nicht wirksam erworben hat.

2.   Anspruch des Lohmeier gegen Protz

Ein Anspruch des Lohmeier gegen Protz könnte sich wiederum aus abgetretenem Recht gem. §§ 488, 398 BGB ergeben.

Lohmeier hätte einen entsprechenden Anspruch, wenn Valentin seinen Darlehensrückzahlungsanspruch gegen Protz wirksam an Lohmeier abgetreten hätte. Eine entsprechende Abtretungsvereinbarung gem. § 398 BGB zwischen Lohmeier und Valentin liegt vor. Fraglich ist, ob überhaupt eine zur Abtretung geeignete Forderung gegeben war. Da ein Darlehen zwischen Protz und Valentin überhaupt nicht bestand, sondern der Valentin die Existenz eines solchen Vertrages lediglich vorgetäuscht hatte, liegt eine zur Abtretung geeignete Forderung nicht vor. Anders als bei beweglichen Sachen ist ein gutgläubiger Erwerb von Forderungen nicht möglich. Damit hat Lohmeier keine Forderung gegen Protz erworben, da Protz überhaupt keine entsprechende Verpflichtung gegenüber Valentin hatte.

Ein Anspruch des Lohmeier gegen Protz besteht deshalb nicht.

3.   Anspruch des Lohmeier gegen König

Ein Anspruch des Lohmeier gegen König könnte sich gem. §§ 433 Abs. 2, 398 BGB wiederum aus abgetretenem Recht ergeben.

Lohmeier könnte einen Anspruch gegen König haben, wenn Wanda wirksam seine Forderung gegen König an Lohmeier abgetreten hätte. Ein entsprechender Abtretungsvertrag zwischen Lohmeier und Wanda lag vor. Fraglich ist wiederum, ob diesem eine zur Abtretung geeignete Forderung zu Grunde lag. Zwischen Wanda und König bestand ein Kaufvertrag, aufgrund dessen König zur Zahlung des Kaufpreises verpflichtet war. Diese Forderung wurde wirksam an Lohmeier übertragen, sodass dieser grundsätzlich einen Zahlungsanspruch gegen König hat. Allerdings könnte dieser Anspruch nicht durchsetzbar sein. Gem. § 404 BGB gehen Einwendungen des Schuldners gegenüber dem Altgläubiger auf den Neugläubiger über. König macht geltend, gegenüber Wanda einen Anspruch auf Kaufpreisminderung gem. §§ 437 Nr. 2, 441 BGB zu haben. Soweit dieser Anspruch tatsächlich besteht, kann König ihn nach § 404 BGB auch gegenüber Lohmeier vorbringen.

Soweit König aufgrund des Kaufvertrags mit Wanda einen Anspruch auf fünfzigprozentige Minderung des Kaufpreises hat, könnte Lohmeier nur den halben Kaufpreis von König verlangen.

8. Vertiefungshinweise/Coachingzone

102 a) Spezialprobleme

– Vertragsabschluss im Internet: Verträge im Internet kommen grundsätzlich nach den allgemeinen Regeln, also durch Angebot und Annahme zustande, wobei Ersteres in der Regel erst die Bestellung des Kunden ist. Allerdings gelten für solche Verträge nach §§ 312 i, 312 j BGB besondere Pflichten des Unternehmers. So muss einem Verbraucher z. B. die Bestellsituation und ihre Kostenpflichtigkeit nach § 312 j Abs. 3 BGB besonders verdeutlicht werden (sog. Button-Lösung).

– Fälligkeit des Anspruchs: bei Erfüllungsansprüchen, aber auch bei Geltendmachung eines Verzugsschadens kann die Fälligkeit des Anspruchs problematisch sein; die sofortige Fälligkeit nach § 271 BGB gilt nicht, wenn vertraglich etwas anderes vereinbart wurde oder wenn gesetzliche Sonderregeln greifen; besonders wichtig sind § 556 b I BGB (Mietzahlung bei Wohnraummiete), § 641 Abs. 1 BGB (Werkvertrag) und § 474 Abs. 3 BGB (Verbrauchsgüterkauf; näher dazu Kobler, Fälligkeit beim Verbrauchsgüterkauf, NJW 2014, 2817 ff.).

– AGB-Kontrolle:
Vornahme einer Inhaltskontrolle: nach § 307 Abs. 3 S. 1 BGB findet eine Inhaltskontrolle nur statt, wenn von Rechtsvorschriften abgewichen wird oder diese ergänzt werden. Nicht kontrollfähig sind daher Abreden, die die Hauptleistung der Parteien betreffen. Kontrollfähig sind aber z. B. die sog. Preisnebenabreden wie die Vereinbarung von Bearbeitungsentgelten in Banken – AGB oder Preisanpassungsklauseln.

– Einander widersprechende AGB im unternehmerischen Verkehr: grundsätzlich gelten sich widersprechende AGB (z. B. Einkaufs- und Verkaufsbedingungen) nur, soweit sie übereinstimmen. Etwas anderes gilt, wenn ein Unternehmer eine sog. Abwehrklausel in seine AGB aufgenommen hat. Damit ist eine Anwendung der AGB des Vertragspartners ausgeschlossen; sollte dieser aber ebenfalls eine Abwehrklausel verwenden, gilt wieder der Grundsatz, dass nur die übereinstimmende Regelungen gelten.

b) (Weitere) Übungsfälle

– Stellvertretung/Rücktritt: *Werner/Sänger*, Fälle für Fortgeschrittene im Bürgerlichen Recht, 5. Aufl. 2015, Fall 1 Rn. 3 ff.

– Schuldrecht AT, insbes. AGB: *Franz/Marx* – Anfängerklausur Zivilrecht, JuS 2015, 424 ff.

c) Aufsätze

Hahne/Goldmann: Der Beginn der regelmäßigen Verjährungsfrist nach § 199 I BGB, JA 2015, 407 ff.; Lorenz: Grundwissen – Zivilrecht: Culpa in Contrahendo (§ 311 II, III BGB), JuS 2015, 398 ff.; Fischinger, Grundfälle zum Schweigen im Rechtsverkehr, JuS 2015, 394 ff.

C. Prüfungsablauf bei Ansprüchen aus ausgewählten Vertragstypen

I. Mängelansprüche bei einem Kaufvertrag

103 Die Schlechterfüllung der Lieferpflicht aus einem Kaufvertrag hat in den §§ 434 ff. BGB eine Sonderregelung erfahren. Allerdings ist diese mit dem allgemeinen Leistungsstörungsrecht verknüpft. Daher verweist das Gewährleistungsrecht für viele Ansprüche lediglich auf Vorschriften des Allgemeinen Schuldrechts, ohne einen eigenständigen Anspruch zu begründen. Gesetzlicher Regelanspruch ist der Anspruch auf Nacherfüllung, weil die Lieferung einer mangelfreien Sache gem. § 433 Abs. 1 Satz 2 BGB Hauptpflicht des Verkäufers ist. Die Ansprüche auf Loslösung vom Vertrag, auf Minderung oder auf Schadensersatz sind demgegenüber nachrangig. Dies gilt nicht für Schäden, die aufgrund des Mangels der Kaufsache an anderen Rechtsgütern oder am Vermögen des Käufers entstanden sind (sog. **Mangelfolgeschäden**).

104 Zu beachten sind darüber hinaus die besonderen Regelungen für die Fälle, bei denen Verkäufer ein Unternehmer (§ 14 BGB) und Käufer ein Verbraucher (§ 13 BGB) ist (Verbrauchsgüterkauf, §§ 474 ff. BGB).

Sach- und Rechtsmängelhaftung werden nicht unterschiedlich betrachtet. Der Begriff des Sachmangels ist in § 434 BGB geregelt. Zu beachten ist, dass auch die Falschlieferung (Aliud-Lieferung) und die Zu-wenig-Lieferung jeweils einen Sachmangel darstellen. Auch ist nicht zwischen Gattungs- und Stückschulden zu unterscheiden.

105 Sobald die Verkaufspartei besondere Eigenschaften der Kaufsache zusichert, stellt dies eine Garantie (Näheres zum Begriff vgl. die Ausführungen im Glossar zu diesem Punkt) i. S. d. § 443 BGB dar. Eine solche Haltbarkeits- oder Beschaffenheitsgarantie setzt voraus, dass der Verkäufer aus Sicht des Käufers den Willen hatte, für das Fehlen bestimmter Eigenschaften einstehen zu wollen (BGH, NJW-RR 2010, 1329).

106 Die Verjährung der Gewährleistungsansprüche ist in § 438 BGB geregelt. Wichtigste Frist ist die Zweijahresfrist für Mängel an beweglichen Sachen (§ 438 Abs. 1 Nr. 3 BGB). Diese beginnt mit der Ablieferung der Sache (§ 438 Abs. 2 BGB). Die Verjährung ist in der Klausur nur anzusprechen, wenn Anhaltspunkte dafür ersichtlich sind, dass der Schuldner sich darauf beruft. In den folgenden Schemata ist die Verjährung daher nicht als Prüfungspunkt aufgenommen. Insoweit wird auf die Übersicht 1 (Rn. 10) verwiesen.

1. Anspruch auf Nacherfüllung

a) Einführung

Nacherfüllung kann auf zwei Arten erfolgen. Nach § 439 Abs. 1 BGB kann der Käufer nach seiner Wahl entweder Nachbesserung der mangelhaften Sache oder Neulieferung einer anderen Sache verlangen. Der Verkäufer kann die vom Käufer gewählte Art der Nacherfüllung allerdings verweigern, wenn diese unmöglich ist (§ 275 BGB) oder wenn sie mit unverhältnismäßigen Kosten verbunden wäre (§ 439 Abs. 3 BGB).

107

b) Prüfungsablauf

Übersicht 27 **108**

§§ 437 Nr. 1, 439, 434, 435 BGB
1. Bestehen eines Kaufvertrages i. S. v. § 433 BGB
   a) Einigung zwischen Verkäufer und Käufer
   b) Gegenstand ist die entgeltliche Übertragung des Eigentums an Sachen oder die Übertragung von Rechten
2. Vorliegen eines Mangels (§§ 434, 435 BGB)
   ▶ Sachmangel
      a) Vorliegen eines Sachmangels
         – Abweichung der Ist-Beschaffenheit von der Soll-Beschaffenheit
            • Vereinbarte Beschaffenheit weicht von der tatsächlichen Beschaffenheit ab (§ 434 Abs. 1 Satz 1 BGB) (subjektiver Fehlerbegriff)
            • Sache eignet sich nicht für die nach dem Vertrag vorausgesetzte Verwendung (§ 434 Abs. 1 Satz 2 Nr. 1 BGB)
            • Sache eignet sich nicht für die gewöhnliche Verwendung und weist eine Beschaffenheit auf, die bei Sachen der gleichen Art nicht üblich ist und die der Käufer nach der Art der Sache nicht erwarten kann (§ 434 Abs. 1 Satz 2 Nr. 2 BGB)
            – Unsachgemäße Montage (§ 434 Abs. 2 Satz 1 BGB)
            – Mangelhafte Montageanleitung (§ 434 Abs. 2 Satz 2 BGB)
            – Lieferung einer anderen Sache, sog. Aliud-Lieferung (§ 434 Abs. 3 1. Alt. BGB)
            – Lieferung einer zu geringen Menge (§ 434 Abs. 3 2. Alt. BGB)
      b) Zum Zeitpunkt des Gefahrübergangs (§§ 446, 447, 474 Abs. 2 BGB); ggf. Beweislastumkehr (§ 476 BGB)
   ▶ Rechtsmangel
      – Dritter kann in Bezug auf die Sache Rechte gegen den Käufer geltend machen (§ 435 Satz 1 BGB)
      – Eintragung eines Rechts im Grundbuch, das nicht besteht (§ 435 Satz 2 BGB)
3. Keine Kenntnis des Käufers vom Mangel (§ 442 BGB)

4. Kein wirksamer Gewährleistungsausschluss
   - aufgrund individueller Vereinbarung in den Grenzen des § 475 BGB (Verbrauchsgüterkauf) oder des § 444 BGB (Arglist oder Garantieübernahme)
   - aufgrund wirksamer AGB-Klauseln
5. Kein Ausschluss der gewählten Art der Nacherfüllung (§ 439 Abs. 3 BGB)

109   Bei der Anwendung des Schemas ist zunächst genau darzulegen, ob und welche Art eines Sachmangels vorliegt. Dies gilt insbesondere bei den in § 434 Abs. 1 BGB genannten Fällen. Zu beachten ist dabei auch § 434 Abs. 1 Satz 3 BGB. Danach kann der Käufer die Beschaffenheit erwarten, die Verkäufer oder Hersteller in Werbeprospekten u. Ä. versprochen haben. Bezüglich § 434 Abs. 2 Satz 2 BGB (sog. IKEA-Klausel) ist umstritten, ob dieser dahingehend ausgelegt werden kann, dass fehlerhafte Bedienungs- oder Gebrauchsanweisungen einen Mangel darstellen. Eine Klärung durch die höchstrichterliche Rechtsprechung steht noch aus, sodass es insoweit allein auf eine nachvollziehbare Begründung ankommt. Bei der Frage des wirksamen Gewährleistungsausschlusses ist zu berücksichtigen, dass die Möglichkeit des Ausschlusses beim Verbrauchsgüterkauf erheblich eingeschränkt ist (§ 475 BGB). Bei dem Ausschluss durch AGB ist auf Übersicht 16 (Rn. 67) zu verweisen.

2. Recht auf Rücktritt

a) Einführung

110   Das Rücktrittsrecht ist ein einseitiges Gestaltungsrecht. Dies wirkt sich insbesondere so aus, dass ein Einverständnis des Verkäufers nicht erforderlich ist und dass die Vorschriften über die Verjährung nicht anwendbar sind (§ 194 Abs. 1 BGB). Allerdings ist der Rücktritt gem. §§ 438 Abs. 4 Satz 1, 218 BGB dann ausgeschlossen, wenn der Nachbesserungsanspruch verjährt ist. Die Ausgestaltung des Rücktrittsrechts erfolgt durch einen Verweis auf die allgemeinen Vorschriften (§ 346 ff. BGB). Jedoch ist der Anspruch auf Rücktritt gegenüber dem Anspruch auf Nacherfüllung subsidiär.

b) Prüfungsablauf

111   **Übersicht 28**

§§ 437 Nr. 2, 440, 323, 326, 434, 435 BGB
1. Bestehen eines Kaufvertrages i. S. v. § 433 BGB (vgl. Übersicht 27 Rn. 108)
2. Vorliegen eines Mangels (§§ 434, 435 BGB) (vgl. Übersicht 27 Rn. 108)
3. Keine Kenntnis des Käufers vom Mangel (§ 442 BGB)
4. Kein wirksamer Gewährleistungsausschluss
   - aufgrund individueller Vereinbarung in den Grenzen des § 475 BGB (Verbrauchsgüterkauf) oder des § 444 BGB (Arglist oder Garantieübernahme)
   - aufgrund wirksamer AGB-Klauseln
5. Setzung einer angemessenen Nachfrist zur Nacherfüllung (§ 323 Abs. 1 BGB), soweit nicht

- Fälle des § 323 Abs. 2 BGB, insbesondere ernsthafte Nacherfüllungsverweigerung
- Fälle des § 440 BGB, insbesondere Fehlschlagen der Nacherfüllung (§ 440 Satz 2 BGB)
- Unmöglichkeit der Nacherfüllung (§ 326 Abs. 5 BGB)
6. Ablauf der Nachfrist
7. Mangel darf nicht unerheblich sein (§ 323 Abs. 5 Satz 2 BGB)
8. Kein Ausschluss des Rücktrittsrechts
   - Nichterbringung beruht auf Gründen aus der Gläubigersphäre (§ 323 Abs. 6 BGB)
   - Gläubigerverzug (§ 323 Abs. 6 BGB)
   - Schuldner beruft sich auf Verjährung der Leistungsverpflichtung (§ 218 BGB)
9. Rücktrittserklärung (§ 349 BGB)

Zu beachten ist, dass das vorstehende Schema nur die **Voraussetzungen** für das Bestehen eines Rücktrittsrechts darstellt. Die Rückabwicklung des Vertrages, insbesondere die Rückgabe bereits ausgetauschter Leistungen, richtet sich nach den §§ 346 ff. BGB. Ein schwerer Fehler wäre es insoweit, auf § 812 Abs. 1 BGB abzustellen. Eine weitere Besonderheit ist, dass der Rücktritt nach § 323 Abs. 5 BGB nicht möglich ist, wenn der Mangel unerheblich ist. Nicht unerheblich ist z. B. eine Farbabweichung bei einem Kraftfahrzeug (BGH, NJW-RR 2010, 1289). **112**

3. Recht auf Kaufpreisminderung

a) Einführung

Anstelle des Rücktritts kann der Käufer sowohl beim Sach- als auch beim Rechtsmangel nach §§ 437 Nr. 2, 441 BGB Minderung des Kaufpreises verlangen. Das bedeutet, dass dem Verkäufer die Gelegenheit zur Nacherfüllung gegeben werden muss. Außerdem ist die Minderung – wie der Rücktritt – kein Anspruch, sondern ein Gestaltungsrecht des Käufers. Allerdings ist auch das Minderungsverlangen ausgeschlossen, wenn der Nacherfüllungsanspruch verjährt ist (§§ 438 Abs. 5, 218 BGB). **113**

Zwar ist zur Berechnung der Minderung des Kaufpreises der objektive Wert der Sache ohne Mangel zu ermitteln (vgl. § 441 Abs. 3 BGB). Soweit erforderlich kann die Minderung jedoch durch Schätzung berechnet werden (§ 441 Abs. 3 Satz 2 BGB).

Schließlich ist zu beachten, dass § 323 Abs. 5 Satz 2 BGB keine Anwendung findet (§ 441 Abs. 1 Satz 2 BGB). Das bedeutet, dass die Minderung auch bei unerheblichen Mängeln möglich ist.

b) Prüfungsablauf

114

Übersicht 29

§§ 437 Nr. 2, 441, 434, 435 BGB

1. Bestehen eines Kaufvertrages i. S. v. § 433 BGB (vgl. Übersicht 27 Rn. 108)
2. Vorliegen eines Mangels (§§ 434, 435 BGB) (vgl. Übersicht 27 Rn. 108)
3. Keine Kenntnis des Käufers vom Mangel (§ 442 BGB)
4. Kein wirksamer Gewährleistungsausschluss
   - aufgrund individueller Vereinbarung in den Grenzen des § 475 BGB (Verbrauchsgüterkauf) oder des § 444 BGB (Arglist oder Garantieübernahme)
   - aufgrund wirksamer AGB-Klauseln
5. Setzung einer angemessenen Nachfrist zur Nacherfüllung (§ 323 Abs. 1 BGB) (vgl. Übersicht 28 Rn. 111)
6. Ablauf der Nachfrist
7. Kein Ausschluss des Rücktrittsrechts (vgl. Übersicht 28 Rn. 111)
8. Minderungsverlangen

4. Anspruch auf Schadensersatz

a) Einführung

115 Der Anspruch auf Schadensersatz ist durch Zweispurigkeit gekennzeichnet. Zwar existiert mit § 280 Abs. 1 BGB eine einheitliche Anspruchsgrundlage, auf die § 437 Nr. 3 BGB verweist. Allerdings unterliegt der Schadensersatzanspruch verschiedenen Anforderungen, je nachdem, ob Ersatz des reinen Mangelschadens oder des Mangelfolgeschadens verlangt wird. Gemeinsam ist beiden Ansprüchen, dass im Gegensatz zum alten Recht nunmehr ein Vertretenmüssen des Verkäufers vorliegen muss.

b) Prüfungsabläufe

Schadensersatz statt der Leistung

116 Schadensersatz statt der Leistung kommt bei dem eigentlichen **Mangelschaden** in Betracht. Zu beachten ist, dass dies dort die einzige Möglichkeit ist, Schadensersatz zu verlangen, da aufgrund der Ausgestaltung der Lieferung einer mangelfreien Sache als Hauptpflicht des Verkäufers (§ 433 Abs. 1 Satz 2 BGB) der Schaden infolge mangelhafter Leistung automatisch einen Nichterfüllungsschaden darstellt. Um diesen ersetzt zu bekommen, müssen die zusätzlichen Voraussetzungen des § 281 BGB erfüllt sein. Bei der Berechnung des Schadens kann der Käufer grundsätzlich zwischen „kleinem" (d. h. Festhalten am Vertrag bei gleichzeitigem Ersatz der durch die mangelhafte Sache entstandenen Schäden) und „großem" Schadensersatz wählen. Großer Schadensersatz, d. h. Loslösen vom Vertrag und Ersatz des gesamten Schadens, der durch die Nichterfüllung entstanden ist, kann allerdings nur verlangt werden, wenn die Pflichtverletzung nicht unerheblich ist (§ 281 Abs. 1 Satz 3 BGB). Aufwendungen, die der Gläubiger in Erwartung der Leistung erbracht hat, zählen nicht zu dem ersetzbaren Schaden. Sie können aber gem. § 284 BGB erstattet verlangt werden.

Übersicht 30 · 117

§§ 437 Nr. 3, 440, 280, 281, 434, 435 BGB
1. Bestehen eines Kaufvertrages i. S. v. § 433 BGB (vgl. Übersicht 27 Rn. 108)
2. Pflichtverletzung
   → Vorliegen eines Mangels (§§ 434, 435 BGB) (vgl. Übersicht 27 Rn. 108)
3. Keine Kenntnis des Käufers vom Mangel (§ 442 BGB)
4. Kein wirksamer Gewährleistungsausschluss
   – aufgrund individueller Vereinbarung in den Grenzen des § 475 BGB (Verbrauchsgüterkauf) oder des § 444 BGB (Arglist oder Garantieübernahme)
   – aufgrund wirksamer AGB-Klauseln
5. Besondere Voraussetzungen für einen Schadensersatzanspruch
   ▶ Nacherfüllung möglich (§§ 440, 281, 280 BGB)
   a) Ablauf einer angemessenen Nachfrist (§ 281 Abs. 1 BGB), soweit nicht gemäß §§ 281 Abs. 2, 440 BGB entbehrlich
   b) Vertretenmüssen des Schuldners bezüglich des Mangels (§§ 281 Abs. 1, 280 Abs. 1 Satz 2)
   → Kann sich ergeben aus § 276 BGB oder § 278 BGB
   c) Erheblichkeit der Pflichtverletzung, soweit „großer" Schadensersatz begehrt wird (§ 281 Abs. 1 Satz 3 BGB)
   ▶ Nacherfüllung unmöglich wegen anfänglicher Unmöglichkeit (§§ 440, 311 a, 281 BGB)
   a) Freiwerden des Schuldners von der Nacherfüllungspflicht aufgrund eines vor Vertragsabschluss eingetretenen Leistungshindernisses wegen tatsächlicher (§ 275 Abs. 1 BGB), faktischer (§ 275 Abs. 2 BGB) oder persönlicher (§ 275 Abs. 3 BGB) Unmöglichkeit (vgl. Übersicht 12 Rn. 53)
   b) Kenntnis des Schuldners von dem Leistungshindernis bzw. Vertretenmüssen der Unkenntnis (§ 311 a Abs. 2 BGB)
   c) Erheblichkeit der Pflichtverletzung, soweit „großer" Schadensersatz begehrt wird (§ 281 Abs. 1 Satz 3 BGB)
   ▶ Nacherfüllung unmöglich wegen nachträglicher Unmöglichkeit (§§ 440, 283, 281, 280 BGB)
   a) Freiwerden des Schuldners von der Nacherfüllungspflicht aufgrund eines erst nach Vertragsabschluss eingetretenen Leistungshindernisses wegen tatsächlicher (§ 275 Abs. 1 BGB), faktischer (§ 275 Abs. 2 BGB) oder persönlicher (§ 275 Abs. 3 BGB) Unmöglichkeit (vgl. Übersicht 12 Rn. 53)
   b) Vertretenmüssen des Schuldners (§§ 283, 280 Abs. 1 Satz 2) bezüglich der Unmöglichkeit
   → Kann sich ergeben aus § 276 BGB oder § 278 BGB
   c) Erheblichkeit der Pflichtverletzung, soweit „großer" Schadensersatz begehrt wird (§ 281 Abs. 1 Satz 3 BGB)
6. Schaden aufgrund der Pflichtverletzung

118 Anstelle des Schadensersatzes statt der Leistung kann der Gläubiger nach § 284 BGB auch seine vergeblichen Aufwendungen ersetzt verlangen. Darunter sind Aufwendungen zu verstehen, die er im berechtigten Vertrauen auf den Erhalt der Leistung vergeblich getätigt hat (sog. **Frustrationsschaden**). Auch für den Anspruch nach § 284 BGB müssen die im obigen Schema genannten Voraussetzungen vorliegen.

Das Vertretenmüssen des Verkäufers bezieht sich, soweit die Nacherfüllung möglich ist, auf die Existenz des Mangels. Erforderlich ist, dass der Verkäufer den Mangel schuldhaft verursacht hat oder dessen Vorliegen kannte bzw. kennen musste. Hinzuweisen ist darauf, dass es in der Literatur auch Stimmen gibt, die als Bezugspunkt für das Verschulden darauf abstellen, ob der Verkäufer die Umstände, die zum Ausbleiben der Nacherfüllung geführt haben, zu vertreten hat. Es ist nicht auszuschließen, dass in einer Klausur die Auseinandersetzung mit dieser Meinung verlangt wird, da der BGH eine Entscheidung bisher offengelassen hat (BGH, NJW 2005, 2852).

Ersatz des Verzögerungsschadens wegen Verzögerung der Nacherfüllung

119 Einen Sonderfall des Schadensersatzes wegen Mangelhaftigkeit der Sache stellt der Ersatz des Verzögerungsschadens wegen Verzögerung der Nacherfüllung dar. Dieser kommt in Betracht, wenn dem Käufer dadurch Nachteile entstehen, dass der Verkäufer seine Pflicht zur Nacherfüllung verspätet erbringt (z.B. Anmietung einer Ersatzsache bis zur Aushändigung der mangelfreien Sache oder Rechtsverfolgungskosten zur Durchsetzung der Nachbesserung). Davon zu unterscheiden ist der Fall, dass bereits durch die bloße Schlechtleistung ein Schaden entsteht (z.B. Produktionsausfall, weil eine mangelhafte Maschine nicht in Betrieb genommen werden kann). Diesbezüglich liegt nach h.M. (z.B. BGH, NJW 2009, 2674) ein Mangelfolgeschaden vor (zur Prüfung vgl. Übersicht 32 Rn. 122).

120

Übersicht 31
§§ 437 Nr. 3, 440, 280 Abs. 1, 2, 286, 434, 435 BGB
1. Bestehen eines Kaufvertrages i.S.v. § 433 BGB (vgl. Übersicht 27 Rn. 108)
2. Pflichtverletzung durch Verzögerung der Nacherfüllung
a) Bestehen einer Nacherfüllungspflicht
aa) Vorliegen eines Mangels (§§ 434, 435 BGB) (vgl. Übersicht 27 Rn. 108)
bb) Keine Kenntnis des Käufers vom Mangel (§ 442 BGB)
cc) Kein Gewährleistungsausschluss (vgl. Übersicht 27 Rn. 108)
b) Nicht rechtzeitige Erbringung der Nacherfüllung
3. Mahnung bezüglich Nacherfüllung (§ 286 Abs. 1 BGB)/Entbehrlichkeit der Mahnung unter den Voraussetzungen des § 286 Abs. 2 BGB oder § 440 BGB
4. Vertretenmüssen des Schuldners bezüglich Verzögerung der Nacherfüllung (§§ 286 Abs. 4, 280 Abs. 1 Satz 2 BGB) → Kann sich ergeben aus § 276 BGB oder § 278 BGB
5. Schaden aufgrund der Verzögerung

Schadensersatz wegen Mangelfolgeschadens

Die Mangelfolgeschäden, d. h. die über das Erfüllungsinteresse des Käufers **121** hinausgehenden Vermögensnachteile, sind nunmehr über § 280 Abs. 1 BGB auszugleichen. Damit ist die nach altem Recht nur gewohnheitsrechtlich anerkannte positive Vertragsverletzung nunmehr gesetzlich geregelt.

Übersicht 32 **122**

§§ 437 Nr. 3, 280 Abs. 1, 434, 435 BGB
1. Bestehen eines Kaufvertrages i. S. v. § 433 BGB (vgl. Übersicht 27 Rn. 108)
2. Pflichtverletzung
   → Verletzung eines anderen Rechtsguts des Käufers durch Mangelhaftigkeit der Kaufsache
   a) Vorliegen eines Mangels (vgl. Übersicht 27 Rn. 108)
   b) Rechtsgutsverletzung
   c) Kausalität
3. Keine Kenntnis des Käufers vom Mangel (§ 442 BGB)
4. Kein wirksamer Gewährleistungsausschluss
   – aufgrund individueller Vereinbarung in den Grenzen des § 475 BGB (Verbrauchsgüterkauf) oder des § 444 BGB (Arglist oder Garantieübernahme)
   – aufgrund wirksamer AGB-Klauseln
5. Vertretenmüssen des Schuldners bezüglich des Mangels (§ 280 Abs. 1 Satz 2 BGB)
   → kann sich ergeben aus § 276 BGB oder § 278 BGB
6. Schaden durch Pflichtverletzung

Hier ist anders als beim Schadensersatz statt der Leistung unstrittig, dass sich das Vertretenmüssen auf das Vorliegen des Mangels beziehen muss.

5. Ansprüche des Verkäufers nach §§ 478, 437 BGB gegen den Lieferanten bei einem Verbrauchsgüterkauf

a) Einführung

§ 478 BGB ermöglicht bei einem Verbrauchsgüterkauf (§ 474 BGB) einen **123** Rückgriff des Verkäufers gegen seinen Lieferanten. Dem Verkäufer stehen zum einen die allgemeinen Sachmängelgewährleistungsansprüche gem. § 437 BGB zu, wobei es für diese Fälle keiner Nachfristsetzung bedarf (§ 478 Abs. 1 BGB). Zum anderen kann er gem. § 478 Abs. 2 BGB die Aufwendungen für die Nacherfüllung (§ 439 Abs. 2 BGB) ersetzt verlangen. Im Folgenden wird der Prüfungsablauf für den Anspruch aus § 478 Abs. 2 BGB dargestellt.

b) Prüfungsablauf

124

> **Übersicht 33**
>
> **§ 478 Abs. 2 BGB**
> 1. Vorliegen eines Verbrauchsgüterkaufs zwischen Unternehmer und Kunden über neue Sache (§ 474 BGB)
> 2. Käufer hat vom Unternehmer wegen eines Mangels der Kaufsache Nacherfüllung verlangt
> 3. Mangel lag bereits zur Zeit des Gefahrübergangs vom Lieferanten auf den Unternehmer vor
> 4. Kein wirksamer Ausschluss des Anspruchs auf Aufwendungsersatz in den Grenzen des § 478 Abs. 4 BGB
> 5. Aufwendungen des Unternehmers aufgrund der Nacherfüllung

125 Für das Vorliegen eines Mangels schon zum Zeitpunkt des Gefahrübergangs auf den Unternehmer gilt nach § 478 Abs. 3 BGB die Vermutung des § 476 BGB.

Ein besonderes Problem des Rückgriffsanspruchs gem. § 478 BGB stellt die Verknüpfung mit den Vorschriften über die Rügepflicht bei einem Handelskauf (§ 377 HGB) dar (§ 478 Abs. 6 BGB). Der Verkäufer verliert seinen Rückgriffsanspruch, wenn er Mängel, die er bei der Übergabe an ihn entdeckt hat bzw. hätte erkennen können, nicht dem Lieferanten gegenüber unverzüglich gerügt hat.

Die Verjährung der Ansprüche bezüglich neu hergestellter Sachen tritt frühestens zwei Monate nach dem Zeitpunkt ein, in dem der Unternehmer die Ansprüche des Verbrauchers erfüllt hat (sog. Ablaufhemmung vgl. § 479 Abs. 2 BGB).

6. Fallbeispiel

■ Fall 16

126 Müller kauft im Geschäft des Wachmann einen Fernseher vom Typ „Weitblick Digital". Bereits drei Wochen nach der Auslieferung stellt sich heraus, dass sich der Fernseher nach etwa einer Betriebsstunde – offensichtlich wegen Überhitzung – abschaltet. Trotz mehrfacher Reparaturversuche gelingt es Wachmann nicht, den Fehler zu beheben. Müller möchte den Fernseher zurückgeben. Wachmann hat aber noch ein identisches Modell „Weitblick Digital", das er Müller anbieten möchte. Er ist deshalb nicht damit einverstanden, den Fernseher zurückzunehmen.

Kann Müller von Wachmann Rücknahme des Fernsehers verlangen?

Lösung:

Müller könnte gegenüber Wachmann ein Anspruch auf Rücknahme des Fernsehers gem. § 346 BGB zustehen, wenn er gem. §§ 437 Nr. 2, 440, 323, 434 vom Kaufvertrag zurücktreten könnte.

Voraussetzung hierfür ist, dass zwischen Müller und Wachmann ein Kaufvertrag über den Fernseher besteht. Ein solcher Kaufvertrag liegt unproblematisch vor.

Weiterhin müsste ein Mangel vorliegen. In Betracht kommt ein Sachmangel gem. § 434 Abs. 1 Satz 2 Nr. 2 BGB. Danach liegt ein Sachmangel vor, wenn die verkaufte Sache nicht die übliche Beschaffenheit aufweist. Der Fernseher, den Müller bei Wachmann gekauft hat, schaltet sich nach etwa einer Betriebsstunde selbsttätig ab. Folglich fehlt ihm eine Eigenschaft, die bei Fernsehgeräten üblich ist. Damit liegt ein Sachmangel im Sinne des § 434 Abs. 1 Satz 2 Nr. 2 BGB vor.

Anhaltspunkte für eine Kenntnis des Müllers vom Mangel (§ 442 BGB) liegen nicht vor. Die Gewährleistung ist auch nicht durch Individualabrede oder durch AGB ausgeschlossen.

Darüber hinaus ist Voraussetzung für einen Anspruch auf Rücktritt, dass Müller dem Wachmann eine angemessene Nachfrist gesetzt hat, es sei denn, dass eine derartige Nachfristsetzung entbehrlich ist. Das Erfordernis der Nachfristsetzung ergibt sich aus § 323 Abs. 1 BGB. Eine Entbehrlichkeit nach § 323 Abs. 2 BGB ist nicht ersichtlich. Diese Nachfristsetzung könnte hier jedoch gem. § 440 BGB entbehrlich sein. Voraussetzung hierfür ist, dass die dem Käufer zustehende Art der Nacherfüllung fehlgeschlagen ist. Gem. § 439 Abs. 1 BGB besteht die Art der Nacherfüllung entweder in der Beseitigung des Mangels oder der Lieferung einer mangelfreien Sache. Die Wahl bezüglich der Art der Nacherfüllung obliegt dem Käufer. Wachmann hat mehrfach versucht, den Fernseher zu reparieren. Damit hat Müller sich zumindest konkludent auf die Beseitigung des Mangels als Art der Nacherfüllung eingelassen. Gem. § 440 Satz 2 BGB gilt diese Art der Nacherfüllung nach dem erfolglosen zweiten Versuch als fehlgeschlagen. Indem Wachmann mehrfache Reparaturversuche unternommen hat, liegt ein Fehlschlagen im Sinne des § 440 BGB vor. Der Setzung einer angemessenen Nachfrist zur Nacherfüllung bedarf es deshalb nicht.

Der Mangel ist auch nicht unerheblich (§ 323 Abs. 5 Satz 2 BGB) und es liegen keine Anhaltspunkte für einen Ausschluss des Rücktrittsrechts vor.

Müller möchte den Fernseher zurückgeben. Darin liegt eine Rücktrittserklärung.

Damit sind alle Voraussetzungen erfüllt. Müller kann deshalb gem. §§ 434, 437 Nr. 2, 440, 323 BGB von dem Vertrag zurücktreten und den Fernseher zurückgeben. Nachdem sich Müller mit der Nachbesserung einverstanden erklärt hat, kann Wachmann nunmehr als Art der Nacherfüllung nicht mehr die

Neulieferung eines mangelfreien Fernsehers verlangen. Es bleibt damit bei dem Rücktrittsrecht des Müller.

■ Fall 17

126 Leimfabrikant Kleber hat bei der Maschinenfabrik des Mischer eine vollautomatische Abfüllmaschine bestellt. Die am 1.3. gelieferte Maschine arbeitet sehr unregelmäßig. Kleber teilt dies am 6.3. dem Mischer mit. Dieser schickt einen Kundendienstingenieur vorbei, der jedoch die Ursache nicht findet. Kleber erleidet durch die mangelhafte Arbeitsweise der Maschine erhebliche Produktionsausfälle. Mit Schreiben vom 15. 3. fordert er deshalb den Mischer schriftlich auf, die Maschine bis zum 31. 3. instand zu setzen, und droht gleichzeitig mit Schadensersatzansprüchen, wenn die Arbeiten nicht umgehend erledigt werden. Mischer schickt in der Folgezeit mehrfach Mechaniker und Ingenieure vorbei, bis schließlich am 2. 5. festgestellt wird, dass der Kompressor zu schwach ist. Nach erfolgtem Austausch gegen einen stärkeren Kompressor arbeitet die Maschine einwandfrei. Kleber verlangt für die Zeit vom 1.3. bis 1.5. den ihm entstandenen Schaden in Höhe von monatlich je 5.000,– €.

Ist Kleber berechtigt, von Mischer 10.000,– € Schadenersatz zu verlangen?

Lösung:

1. Kleber könnte von Mischer 10.000,– € Schadensersatz wegen Verzögerung der Nacherfüllung gem. §§ 437 Nr. 3, 440, 280 Abs. 1, 2 286, 434 BGB verlangen.

Dazu müsste zwischen Kleber und Mischer ein Kaufvertrag bestehen. Gegenstand eines Kaufvertrages ist die entgeltliche Übertragung des Eigentums an Sachen oder die Übertragung von Rechten. Kleber hat bei Mischer eine vollautomatische Abfüllmaschine bestellt. Diese sollte Kleber auch übereignet werden. Folglich liegt ein Kaufvertrag im Sinne des § 433 BGB vor.

Weitere Voraussetzung ist das Vorliegen eines Mangels. In Betracht kommt ein Sachmangel gem. § 434 Abs. 1 Satz 2 Nr. 1. Die Maschine arbeitet sehr unregelmäßig und eignet sich daher nicht für die nach dem Vertrag vorausgesetzte Verwendung. Folglich liegt ein Mangel im Sinne des § 434 BGB vor.

Nächste Voraussetzung für den Anspruch auf Schadensersatz ist, dass sich Mischer bezüglich der Nacherfüllung in Verzug befindet. Dazu muss Kleber ihn gemahnt haben (§ 286 Abs. 1 BGB). Kleber fordert Mischer schriftlich auf, die Maschine instand zu setzen. Folglich liegt eine Mahnung vor.

Darüber hinaus müsste Mischer den Umstand der Verzögerung der Nacherfüllung auch zu vertreten haben (§ 286 Abs. 4, 280 Abs. 1 Satz 2 BGB). Gem. § 276 BGB hat der Schuldner Vorsatz und Fahrlässigkeit zu vertreten und haftet gem. § 278 BGB auch für das Verschulden seiner Erfüllungsgehilfen. Die Kundendienstmonteure des Mischer haben in der Zeit von März bis Anfang Mai den Fehler zunächst vergeblich gesucht. Erst am 2. 5. ist es ihnen gelungen, diesen Fehler zu lokalisieren. Bei sorgfältiger Überprüfung hätte der Fehler sofort gefunden werden müssen. Dadurch, dass die Monteure zwei Monate benötigten, um den Fehler zu lokalisieren, handelten sie schuldhaft. Bei den Monteuren handelt es sich um Erfüllungsgehilfen des Mischer im Sinne des § 278 BGB, sodass deren Verschulden dem Mischer zugerechnet wird. Folglich hat Mischer die Verzögerung der Nacherfüllung zu vertreten.

Anhaltspunkte für eine Kenntnis des Kleber vom Mangel (§ 442 BGB) sowie für einen Gewährleistungsausschluss liegen nicht vor.

Kleber ist insgesamt ein Schaden in Höhe von 10.000,– € entstanden, der auf den Produktionsausfällen beruht. Allerdings befand sich Mischer erst mit Ablauf des 15. 3. in Verzug, sodass der bis 15. 3. entstandene Schaden keinen Verzögerungsschaden darstellt. Mischer ist deshalb gem. §§ 437 Nr. 3, 440, 280 Abs. 2, 286 BGB nur zum Ersatz des ab 15. 3. entstandenen Schadens verpflichtet.

2. Kleber könnte den Schaden für den Produktionsausfall bis 15. 3. aber aus §§ 437 Nr. 3, 280 Abs. 1, 434 BGB verlangen.

Dazu müsste zwischen Kleber und Mischer ein Kaufvertrag bestehen, was, wie bereits geprüft, der Fall ist.

Des Weiteren müsste ein Rechtsgut des Kleber durch die Mangelhaftigkeit der Kaufsache verletzt worden sein. Der Produktionsausfall im März stellt eine Beeinträchtigung des Vermögens des Kleber dar. Dieser beruht auf der nicht funktionierenden Maschine. Dabei handelt es sich, wie oben dargestellt, um einen Mangel.

Anhaltspunkte für eine Kenntnis des Kleber vom Mangel (§ 442 BGB) sowie für einen Gewährleistungsausschluss (§ 444 BGB) liegen nicht vor.

Ein Schadensersatzanspruch kommt aber nur in Betracht, wenn Mischer den Mangel zu vertreten hat. Die gelieferte Maschine hatte einen Fehler. Mischer hat nichts zu seiner Entlastung vorgetragen, sodass wegen § 280 Abs. 1 Satz 2 BGB von einem Verschulden des Mischer auszugehen ist.

Der Produktionsausfall ist auch auf die mangelhafte Maschine zurückzuführen, sodass Mischer über §§ 437 Nr. 3, 280 Abs. 1, 434 BGB auch Ersatz der Produktionsausfallkosten für die Zeit vom 1. bis 15. 3. verlangen kann.

II. Ansprüche aus Wohnraummietvertrag

Mietrechtliche Ansprüche stellen in wirtschaftsrechtlichen Klausuren die Ausnahme dar. Der Vollständigkeit halber sollen an dieser Stelle einige denkbare Konstellationen kurz dargestellt werden. **128**

1. Mietzinsanspruch

129

> ### Übersicht 34
>
> **§ 535 Abs. 2 BGB**
> 1. Bestehen eines Mietvertrages i. S. v. § 535 BGB
>   a) Einigung zwischen Mieter und Vermieter
>   b) Vertragsgegenstand ist die vorübergehende Gebrauchsüberlassung gegen Entgelt
> 2. Fälligkeit (§§ 556 b Abs. 1, 579 BGB)
> 3. Miethöhe entsprechend der vertraglichen Vereinbarung bzw. der §§ 557 ff. BGB

Bezüglich der Fälligkeit der Mietzinszahlung ist zu beachten, dass nach einer neueren Entscheidung des BGH (BGH, NJW 2010, 2882) der Sonnabend (Samstag) abweichend von den üblichen zivilrechtlichen Regelungen nicht als Werktag gilt.

2. Ansprüche des Mieters wegen Mängeln der Mietsache

a) Einführung

130 Die Gewährleistungsansprüche des Mieters sind in den §§ 536 ff. BGB geregelt. Als mögliche Rechtsfolgen kommen Mietminderungs-, Schadens- bzw. Aufwendungsersatzansprüche sowie ein Recht auf außerordentliche Kündigung in Betracht.

b) Prüfungsabläufe

131 Für alle Gewährleistungsansprüche ist das Vorliegen eines Mangels erforderlich. Grundfall ist die Aufhebung oder Minderung der Tauglichkeit der Mietsache zum vertragsgemäßen Gebrauch (§ 536 Abs. 1 BGB). Die Tauglichkeit wird dabei grundsätzlich nach den Vereinbarungen der Parteien bestimmt. Hauptrechtsfolge ist das Recht auf Mietminderung.

132

> ### Übersicht 35
>
> **§ 536 BGB – Mietminderung bei Sach- und Rechtsmängeln**
> 1. Bestehen eines Mietvertrages i. S. v. § 535 BGB (vgl. Übersicht 34 Rn. 129)
> 2. Mangel der Mietsache
>   – Fehler (§ 536 Abs. 1 BGB)
>   – Fehlen einer zugesicherten Eigenschaft (§ 536 Abs. 2 BGB)
>   – Rechtsmangel (§ 536 Abs. 3 BGB)
> 3. Mangel zur Zeit der Überlassung der Mietsache bzw. Eintritt eines solchen während der Mietzeit
> 4. Erheblichkeit des Mangels (§ 536 Abs. 1 Satz 3 BGB)
> 5. Keine Kenntnis des Mieters vom Mangel (§ 536 b BGB)
> 6. Kein Ausschluss der Gewährleistung durch
>   – Vertragliche Abrede (§ 536 d BGB) oder AGB-Klausel
>   – Unterlassen einer Mängelanzeige (§ 536 c Abs. 2 BGB)

Die Mietminderung tritt kraft Gesetzes ein, d. h. der Mieter wird automatisch **133** ganz oder teilweise von der Mietzahlung befreit. Häufig wird in einer Klausur ein möglicher Ausschluss der Gewährleistungsrechte Gegenstand sein. Für vertragliche Ausschlüsse sind die Grenzen des § 536 d BGB und bei der Verwendung von AGB § 309 Nr. 7 b BGB zu beachten. Der § 309 Nr. 8 b BGB gilt nach dem klaren Wortlaut nicht. Einen speziellen Ausschlussgrund für das Minderungsrecht stellt das Unterlassen der Mängelanzeige nach § 536 c Abs. 2 BGB dar.

Neben dem Minderungsrecht kann dem Mieter ein Schadensersatzanspruch zustehen.

Übersicht 36 **134**

§ 536 a BGB – Schadens- und Aufwendungsersatzanspruch des Mieters wegen eines Mangels
1. Bestehen eines Mietvertrages (vgl. Übersicht 34 Rn. 129)
2. Vorliegen eines Mangels i. S. v. § 536 BGB (vgl. oben Übersicht 35 Rn. 132)
3. Mangel schon bei Vertragsschluss vorhanden oder später entstanden
4. Vertretenmüssen des Vermieters (bei nachträglich entstandenen Mängeln)/Verzögerung der Nacherfüllung
5. Keine Kenntnis des Mieters vom Mangel (§ 536 b BGB)
6. Kein Ausschluss der Gewährleistung (vgl. Übersicht 35 Rn. 132)
7. Schaden

Wie bei Schadensersatzansprüchen üblich ist ein Vertretenmüssen des Vermie- **135** ters erforderlich, sofern der Mangel nach Vertragsschluss entstanden ist. Für schon bei Vertragsschluss vorhandene Mängel besteht eine Garantiehaftung.

Schließlich kann bei einem Mangel auch ein außerordentliches Kündigungsrecht des Mieters bestehen.

Übersicht 37 **136**

§§ 543, 549, 569 BGB – Fristlose Kündigung durch den Mieter
1. Bestehen eines Mietvertrages i. S. v. § 535 BGB über Wohnraum (vgl. Übersicht 34 Rn. 129)
2. Vorliegen eines wichtigen Grundes
   – Wohnraum ist so beschaffen, dass er mit einer erheblichen Gefährdung für die Gesundheit verbunden ist (§ 569 Abs. 1 BGB)
   – nachhaltige Störung des Hausfriedens durch Vermieter oder Mitmieter (§ 569 Abs. 2 BGB)
   – nicht rechtzeitige Gewährung oder Entzug des vertragsmäßigen Gebrauchs (§ 543 Abs. 2 Nr. 1 BGB)
   – Verletzung einer Pflicht aus dem Mietvertrag
     a) Fristsetzung zur Abhilfe bzw. Entbehrlichkeit der Fristsetzung (§ 543 Abs. 3 BGB)
     b) Erfolgloser Ablauf der Frist

■ **Fall 18**

137 Mietmann ist Mieter einer Wohnung des Vogel. Als monatliche Miete sind 800,– Euro vereinbart worden. Nach zwei Jahren Mietzeit trat plötzlich erhebliche Schimmelbildung auf. Unverzüglich nach Auftreten der Schimmelbildung beanstandete deshalb Mietmann gegenüber Vogel mit Schreiben vom 14. April, dass sich in der Küche, dem Badezimmer, dem Schlafzimmer und dem Wohnzimmer erheblicher Schimmel gebildet habe, und bat um Abhilfe. Als Vogel darauf nicht reagierte, forderte Mietmann ihn mit einem weiteren Schreiben vom 30. April zur erneuten Mängelbeseitigung auf und setzte dem Vogel hierfür eine Frist bis zum 15. Mai. Außerdem minderte Mietmann ab Mai die Miete um 200,– Euro. Als Vogel daraufhin immer noch nichts unternommen hatte, kündigte Mietmann mit Schreiben vom 16. Mai das Mietverhältnis mit Wirkung zum 31. Mai außerordentlich. Zur Begründung führte er an, dass Vogel die von ihm gerügten Mängel nicht beseitigt habe. Vogel meint, dass sowohl die Minderung als auch die Kündigung unrechtmäßig seien, weil die Mängel gar nicht vorhanden wären, was tatsächlich nicht der Fall ist. Außerdem hätte Mietmann bei seiner Fristsetzung darauf hinweisen müssen, dass er nach Ablauf der Frist den Mietvertrag fristlos kündigen wolle.

a) Ist die Mietminderung des Mietmann berechtigt?
b) Ist die fristlose Kündigung durch Mietmann wirksam?

Lösung:

Frage a)

Die Mietminderung durch Mietmann ist berechtigt, wenn die Voraussetzungen des § 536 BGB vorliegen. Voraussetzung hierfür ist, dass zwischen Mietmann und Vogel ein Mietvertrag besteht. Das ist der Fall.

Weiterhin müsste die Wohnung einen Mangel aufweisen. Ein solcher liegt gemäß § 536 Abs. 1 BGB vor, wenn Umstände gegeben sind, die zur Minderung oder Aufhebung des vertraglichen Gebrauchs der Wohnung führen. Die Wohnung weist in vielen Zimmern starke Schimmelbildung auf. Dieser kann objektiv zu gesundheitlichen Beeinträchtigungen führen. Dadurch ist die Tauglichkeit der Wohnung zum vereinbarten Vertragszweck zumindest beeinträchtigt. Ein Mangel liegt somit vor.

Dieser Mangel ist auch während der Mietzeit aufgetreten.

Weiterhin müsste der Mangel erheblich sein (§ 536 Abs. 1 Satz 3 BGB). Wie bereits ausgeführt kann Schimmel die Gesundheit derjenigen, die dem Schimmelbefall ausgesetzt sind, erheblich beeinträchtigen. Hinzu kommt, dass es sich nicht nur um einen kleinen Schimmelfleck handelt, sondern der Schimmel praktisch in allen Aufenthaltsräumen und sogar im Schlafzimmer auftritt. Damit ist der Mangel auch erheblich.

Da der Mangel erst während der Mietzeit auftrat, liegen auch keine Anhaltspunkte für eine Kenntnis des Mietmann von diesem Mangel bei Vertragsschluss vor (§ 536 b BGB).

Schließlich dürfte die Minderung nicht ausgeschlossen sein. Anhaltspunkte für eine wirksame vertragliche Abrede zum Ausschluss der Gewährleistung liegen nicht vor. Da der Mangel jedoch während der Mietzeit aufgetreten ist, müsste Mietmann diesen gemäß § 536 c BGB unverzüglich angezeigt haben. Das ist der Fall.

Damit liegen die Voraussetzungen für eine Minderung vor. Angesichts der erheblichen gesundheitlichen Gefahren, die von einer Schimmelbildung ausgehen, ist eine Minderung in Höhe von 25 % der Miete auch angemessen. Die Mietminderung durch Mietmann war somit berechtigt, und zwar schon ab dem geltend gemachten Zeitpunkt. Das Abwarten der gesetzten Nachfrist ist nicht erforderlich, weil Minderungsansprüche bereits bei Vorliegen eines Mangels berechtigt sind.

Frage b)

Die fristlose Kündigung des Mietmann ist wirksam, wenn die gemäß §§ 543, 549, 569 BGB erforderlichen Voraussetzungen vorliegen.

Zunächst müsste zwischen Mietmann und Vogel ein Wohnraummietverhältnis bestehen. Das ist der Fall.

Weiterhin müsste Mietmann einen wichtigen Grund für die Kündigung haben. Wichtige Gründe ergeben sich neben den in § 543 BGB genannten bei der Wohnraummiete zusätzlich noch aus § 569 BGB. Gemäß § 569 Abs. 1 BGB liegt ein wichtiger Grund dann vor, wenn die gemietete Wohnung so beschaffen ist, dass ihre Benutzung mit einer erheblichen Gefährdung der Gesundheit verbunden ist. Zwar kann Schimmel die Gesundheit beeinträchtigen. Anhaltspunkte für eine erhebliche Gesundheitsgefährdung sind jedoch nicht ersichtlich. Ein wichtiger Grund könnte jedoch darin bestehen, dass Vogel seine Pflichten aus dem Mietverhältnis verletzt hat. Die Pflichtverletzung besteht darin, dass die Wohnung wegen der Schimmelbildung mangelhaft ist (§ 536 Abs. 1 BGB). Bei einer Pflichtverletzung ist die Kündigung allerdings nur gerechtfertigt, wenn vor der Kündigung eine Frist zur Abhilfe gesetzt wird. Zwar hat Mietmann mit Schreiben vom 30. April dem Vogel eine Frist zur Beseitigung des Mangels gesetzt. Allerdings hat er nicht darauf hingewiesen, dass er nach Ablauf der Frist den Vertrag fristlos kündigen wolle. Gemäß § 543 Abs. 3 BGB ist aber nur eine Fristsetzung erforderlich. Eine Ankündigung der Rechtsfolgen ist nicht vorgesehen. Folglich liegt die gemäß § 543 Abs. 3 BGB erforderliche Fristsetzung vor.

Diese Frist ist auch abgelaufen, ohne dass Vogel Abhilfe geschaffen hat.

Deshalb ist die fristlose Kündigung des Mietmann gerechtfertigt.

3. Ansprüche des Vermieters

a) Anspruch auf Mietzinszahlung

138 Der Anspruch auf Mietzinszahlung ergibt sich aus § 535 Abs. 2 BGB. Er setzt das Bestehen eines wirksamen Mietvertrages voraus. Zu beachten ist, dass dieser sich bei einem Mangel der Mietsache gem. § 536 BGB kraft Gesetzes mindert (vgl. Übersicht 35 Rn. 132).

b) Anspruch auf Durchführung von Schönheitsreparaturen

139 Nach § 535 Abs. 1 Satz 2 BGB ist der Vermieter verpflichtet, die Mietsache während der Mietzeit in einem zum vertragsgemäßen Gebrauch geeigneten Zustand zu erhalten. Danach müssten sämtliche Erhaltungs- und Renovierungsarbeiten an sich vom Vermieter auf seine Kosten durchgeführt werden. In der Praxis ist es aber üblich, dass diese Verpflichtung im bestimmten Umfang durch sog. Schönheitsreparaturklauseln auf den Mieter abgewälzt wird. Die hierzu ergangene Rechtsprechung ist unüberschaubar, sodass jeder Fall individuell betrachtet werden muss. In einer Klausur wird eine genaue Kenntnis der Rechtsprechung nicht vorausgesetzt werden. Orientierung für die Wirksamkeit derartiger Klauseln sind die §§ 242 und 307 BGB (vgl. zum Überblick Eisenschmid, WuM 2010, 459).

c) Anspruch auf Räumung der Wohnung

140 Nach § 546 BGB ist der Mieter verpflichtet, die Mietsache nach Beendigung des Mietverhältnisses zurückzugeben. Häufiges Problem in der Praxis, aber gelegentlich auch in den Klausuren, ist die Frage, ob eine Kündigung einer Mietpartei wirksam ist. Wie auch bei sonstigen Schuldverhältnissen ist zwischen ordentlicher (fristgerechter) und außerordentlicher (fristloser) Kündigung zu unterscheiden. Besonderheit des Mietrechtes ist es, dass bei einer ordentlichen Kündigung des Vermieters ein besonderer Grund vorhanden sein muss.

141

Übersicht 38

§ 546 BGB
1. Bestehen eines Mietvertrages (vgl. Übersicht 34 Rn. 129)
2. Wirksame Beendigung dieses Vertrages
   - ▶ Aufgrund Aufhebungsvertrags
     - → Wirksame Vereinbarung zwischen Vermieter und Mieter i. S. v. § 311 BGB
   - ▶ Aufgrund Zeitablaufs bei befristetem Mietvertrag
     - a) Wirksame Befristungsabrede (§ 575 BGB)
     - b) Erreichen des vereinbarten Endpunktes
   - ▶ Aufgrund wirksamer Kündigung
     - – Ordentliche Kündigung des Mieters
       - a) Kündigungserklärung (§ 568 BGB)
       - b) Ablauf Kündigungsfrist nach § 573 c BGB

- Außerordentliche Kündigung Mieter
  a) Kündigungserklärung (§ 568 BGB)
  b) Kündigungsgrund i. S. v. §§ 543, 569 BGB
- Ordentliche Kündigung des Vermieters
  a) Kündigungserklärung (§ 568 BGB)
  b) Ablauf der Kündigungsfrist nach § 573 c BGB
  c) Berechtigtes Interesse des Vermieters i. S. d. §§ 573, 573 a BGB
  d) Kein Widerspruch des Mieters gemäß § 574 BGB
- Außerordentliche Kündigung des Vermieters
  a) Kündigungserklärung (§ 568 BGB)
  b) Kündigungsgrund (§§ 543, 569 BGB)

Bei der Prüfung der ordentlichen Kündigung ist zu beachten, dass die Einhaltung der erforderlichen Kündigungsfristen nach Maßgabe der §§ 187 ff. BGB exakt zu berechnen sind.

III. Ansprüche aus einem Werkvertrag

Neben kaufrechtlichen Ansprüchen stellen werkvertragliche Ansprüche einen Schwerpunkt in wirtschaftsrechtlichen Klausuren dar. **142**

1. Anspruch des Unternehmers auf Werklohn

a) Einführung

Der Lohnanspruch des Werkunternehmers zeichnet sich dadurch aus, dass **143** neben dem wirksamen Abschluss eines entsprechenden Vertrages mit der Abnahme bzw. Vollendung des gesamten Werkes eine besondere Fälligkeitsvoraussetzung besteht. Deshalb spielen in der Praxis Vereinbarungen über Abschlagszahlungen für Teilleistungen gem. § 632 a BGB eine besondere Rolle.

b) Prüfungsablauf

Übersicht 39 **144**

§ 631 Abs. 1 BGB
1. Bestehen eines Werkvertrages i. S. v. § 631 BGB
   a) Wirksame Einigung
   b) Vertragsgegenstand ist die Herstellung eines Werkes (§ 631 Abs. 2 BGB)
2. Kein Ausschluss der Anwendbarkeit des Werkvertragsrechts durch § 651 BGB
3. Fälligkeit der Vergütung (§ 641 BGB)
   - Abnahme (§ 640 BGB) oder Fertigstellungsbescheinigung (§ 641 a BGB)
   - Ausnahmsweise Vollendung des Werkes (§ 646 BGB)
   - Abschlagszahlungen bei Vorliegen der nach Maßgabe der in § 632 a BGB festgelegten Voraussetzungen

2. Ansprüche wegen Mängeln des Werkes

a) Einführung

145 Die Gewährleistungsrechte bei Kauf- und Werkverträgen sind weitgehend identisch ausgestaltet. So ist für Ansprüche, die über die Nachbesserung hinausgehen, eine Nachfristsetzung notwendig. Die Voraussetzungen für einen Schadensersatzanspruch bestimmen sich nach den allgemeinen Vorschriften. Ansonsten ergeben sich die bereits bei dem Kaufvertrag dargestellten Unterscheidungen (vgl. Übersichten Nr. 27–32 Rn. 108 ff.).

Darüber hinaus kommt zu den kaufrechtlichen Rechtsfolgen der Gewährleistung (Nacherfüllung, Rücktritt, Minderung, Schadensersatz) als Gewährleistungsrecht noch der Anspruch auf Selbstvornahme hinzu.

146 **Werklieferungsverträge** sind gem. § 651 BGB in erster Linie nach Kaufvertragsrecht zu behandeln, unabhängig davon, ob Gegenstand der Herstellung vertretbare oder nicht vertretbare Sachen sind. In der Fallbearbeitung muss bei solchen Konstellationen (z.B. Herstellung von Autoreifen für PKW-Hersteller) mit § 634 BGB begonnen werden und dann festgestellt werden, dass die Anwendung des Werkvertragsrechts wegen § 651 BGB ausscheidet. Im nächsten Prüfungsschritt ist dann § 437 BGB zu prüfen. Handelt es sich bei dem Gegenstand des Vertrags um nicht vertretbare Sachen (z.B. Herstellung von Spezialautositzen, die nur für den Besteller von Nutzen sind), ist zu beachten, dass ergänzend die in § 651 Satz 3 BGB genannten Vorschriften zur Anwendung kommen.

Die Verjährung der Mängelansprüche ist in § 634 a BGB geregelt. Die Verjährung ist in der Klausur nur anzusprechen, wenn Anhaltspunkte dafür ersichtlich sind, dass der Schuldner sich darauf beruft. In den folgenden Schemata ist die Verjährung daher nicht als Prüfungspunkt aufgenommen. Insoweit wird auf die Übersicht 1 (Rn. 10) verwiesen.

b) Prüfungsabläufe

Anspruch auf Nacherfüllung

147 Regelanspruch ist auch beim Werkvertrag der Anspruch auf Nacherfüllung. Im Unterschied zum Kaufrecht obliegt jedoch die Wahl der Art der Nacherfüllung dem Werkunternehmer, d.h. der Besteller kann nicht von sich aus auf Neuherstellung bestehen.

148 **Übersicht 40**

§§ 634 Nr. 1, 633, 635 BGB – Anspruch auf Nacherfüllung
1. Bestehen eines Werkvertrages i.S.v. § 631 BGB (vgl. Übersicht 39 Rn. 144)
2. Kein Ausschluss der Anwendbarkeit des Werkvertragsrechts durch § 651 BGB
3. Vorliegen eines Mangels (§ 633 BGB)
   ▶ Sachmangel
      a) Vorliegen eines Sachmangels (§ 633 Abs. 2 BGB)

- Abweichung der Ist-Beschaffenheit von der Soll-Beschaffenheit
- Herstellung eines anderen Werkes
- Zu geringe Menge des Werkes
  b) Zum Zeitpunkt der Abnahme
▶ Rechtsmangel (§ 633 Abs. 3 BGB)
4. Keine Kenntnis des Bestellers vom Mangel bzw. Vorbehalt der Rechte bei Abnahme (§ 640 Abs. 2 BGB)
5. Kein Gewährleistungsausschluss
   - aufgrund individueller Vereinbarung (§ 639 BGB)
   - aufgrund AGB (insbesondere §§ 309 Nr. 7 b und 8 b BGB
6. Kein Recht des Unternehmers zur Verweigerung der Nacherfüllung gem. § 635 Abs. 3 BGB

Anspruch auf Selbstvornahme

Ein im Kaufvertragsrecht nicht vorgesehener Anspruch ist das Recht des Bestellers, einen Mangel selbst zu beheben und Ersatz der dafür erforderlichen Aufwendungen zu verlangen. **149**

Übersicht 41	**150**

§§ 634 Nr. 2, 637, 633 BGB
1. Bestehen eines Werkvertrages i. S. v. § 631 BGB (vgl. Übersicht 39 Rn. 144)
2. Kein Ausschluss der Anwendbarkeit des Werkvertragsrechts durch § 651 BGB
3. Vorliegen eines Mangels (vgl. oben Übersicht 40 Rn. 148)
4. Keine Kenntnis des Bestellers vom Mangel (§ 640 Abs. 2 BGB)
5. Kein Gewährleistungsausschluss
   - aufgrund individueller Vereinbarung
   - aufgrund AGB
6. Ablauf einer angemessenen Nachfrist (§ 637 Abs. 1 BGB) bzw. Entbehrlichkeit der Fristsetzung (§§ 637 Abs. 2, 323 Abs. 2 BGB)
7. Keine rechtmäßige Verweigerung der Nacherfüllung durch den Unternehmer (§§ 637 Abs. 1, 635 Abs. 3 BGB)
8. Vorliegen von Aufwendungen

Rücktrittsrecht

Voraussetzung für das Rücktrittsrecht ist wie beim Kaufvertrag das Setzen einer Nachfrist. Entbehrlich ist diese nach § 636 BGB u. a. bei Fehlschlagen der Nacherfüllung. Anders als im Kaufrecht gibt es hier keine gesetzliche Vermutung, wann ein Fehlschlagen vorliegt. Ein Fehlschlagen ist deshalb nur dann anzunehmen, wenn im konkreten Fall zu erwarten ist, dass die Nachbesserung nicht mehr zu einem mangelfreien Werk führen kann. **151**

152

Übersicht 42

§§ 634 Nr. 3, 636, 323, 633 BGB – Recht auf Rücktritt
1. Bestehen eines Werkvertrages i.S.v. § 631 BGB (vgl. Übersicht 39 Rn. 144)
2. Kein Ausschluss der Anwendbarkeit des Werkvertragsrechts durch § 651 BGB
3. Vorliegen eines Mangels (vgl. Übersicht 40 Rn. 148)
4. Keine Kenntnis des Bestellers vom Mangel (§ 640 Abs. 2 BGB)
5. Kein Gewährleistungsausschluss
   - aufgrund individueller Vereinbarung (§ 639 BGB)
   - aufgrund AGB (§§ 242 und 307 BGB)
6. Ablauf einer angemessenen Nachfrist (§ 323 Abs. 1 BGB) bzw. Entbehrlichkeit der Fristsetzung (§§ 636, 323 Abs. 2 BGB)
7. Mangel darf nicht unerheblich sein (§ 323 Abs. 5 Satz 2 BGB)
8. Kein Ausschluss des Rücktrittsrechts (vgl. Übersicht 28 Rn. 111)
9. Rücktrittserklärung (§ 349 BGB)

153 Ausgeschlossen ist das Rücktrittsrecht in den gleichen Fällen wie bei einem Kaufvertrag, also insbesondere bei Unerheblichkeit eines Mangels.

Recht auf Minderung

154

Übersicht 43

§§ 634 Nr. 3, 638, 633 BGB – Recht auf Minderung
1. Bestehen eines Werkvertrages i.S.v. § 631 BGB (vgl. Übersicht 39 Rn. 144)
2. Kein Ausschluss der Anwendbarkeit des Werkvertragsrechts durch § 651 BGB
3. Vorliegen eines Mangels (vgl. Übersicht 40 Rn. 148)
4. Keine Kenntnis des Bestellers vom Mangel (§ 640 Abs. 2 BGB)
5. Kein Gewährleistungsausschluss
   - aufgrund individueller Vereinbarung (§ 639 BGB)
   - aufgrund AGB
6. Ablauf einer angemessenen Nachfrist bzw. Entbehrlichkeit der Fristsetzung (§§ 636, 323 Abs. 2 BGB)
7. Kein Ausschluss des Rücktrittsrechts (vgl. Übersicht 28 Rn. 111)
8. Minderungsbegehren

Zu beachten ist, dass die Minderung wie im Kaufrecht auch bei unerheblichen Mängeln möglich ist (§ 638 Abs. 1 Satz 2 BGB).

Anspruch auf Schadensersatz statt der Leistung/Nichterfüllungsschaden

155 Schadensersatz statt der Leistung kommt bei dem eigentlichen Mangelschaden in Betracht. Zu beachten ist, dass dies dort die einzige Möglichkeit ist, Schadensersatz zu verlangen, da der Unternehmer dem Besteller das Werk frei von Sach- und Rechtsmängeln zu verschaffen hat (§ 633 Abs. 1 BGB).

Übersicht 44   156

§§ 634 Nr. 4, 636, 280 Abs. 1, 3, 281 Abs. 1, 633 BGB

1. Bestehen eines Werkvertrages i. S. v. § 631 BGB (vgl. Übersicht 39 Rn. 144)
2. Kein Ausschluss der Anwendbarkeit des Werkvertragsrechts durch § 651 BGB
3. Pflichtverletzung durch Vorliegen eines Mangels (vgl. Übersicht 40 Rn. 148)
4. Keine Kenntnis des Bestellers vom Mangel (§ 640 Abs. 2 BGB)
5. Kein wirksamer Gewährleistungsausschluss
   - aufgrund individueller Vereinbarung (§ 639 BGB)
   - aufgrund AGB (§§ 242 und 307 BGB)
6. Besondere Voraussetzungen für einen Schadensersatzanspruch
   ▶ Nacherfüllung möglich (§§ 636, 281, 280 BGB)
     a) Ablauf einer angemessenen Nachfrist (§ 281 Abs. 1 BGB), soweit nicht gemäß §§ 281 Abs. 2, 636 BGB entbehrlich
     b) Vertretenmüssen des Schuldners (§§ 281 Abs. 1, 280 Abs. 1 Satz 2 BGB)
        → Kann sich ergeben aus § 276 BGB oder § 278 BGB
     c) Erheblichkeit der Pflichtverletzung, soweit „großer" Schadensersatz begehrt wird (§ 281 Abs. 1 Satz 3 BGB)
   ▶ Nacherfüllung unmöglich wegen anfänglicher Unmöglichkeit (§§ 636, 311 a, 281 BGB)
     a) Freiwerden des Schuldners von der Nacherfüllungspflicht aufgrund eines vor Vertragsabschluss eingetretenen Leistungshindernisses wegen tatsächlicher (§ 275 Abs. 1 BGB), faktischer (§ 275 Abs. 2 BGB) oder persönlicher (§ 275 Abs. 3 BGB) Unmöglichkeit (vgl. Übersicht 12 Rn. 53)
     b) Kenntnis des Schuldners von dem Leistungshindernis bzw. Vertretenmüssen der Unkenntnis (§ 311a Abs. 2 BGB)
     c) Erheblichkeit der Pflichtverletzung, soweit „großer" Schadensersatz begehrt wird (§ 281 Abs. 1 Satz 3 BGB)
   ▶ Nacherfüllung unmöglich wegen nachträglicher Unmöglichkeit (§§ 636, 283, 281, 280 BGB)
     a) Freiwerden des Schuldners von der Nacherfüllungspflicht aufgrund eines erst nach Vertragsabschluss eingetretenen Leistungshindernisses wegen tatsächlicher (§ 275 Abs. 1 BGB), faktischer (§ 275 Abs. 2 BGB) oder persönlicher (§ 275 Abs. 3 BGB) Unmöglichkeit (vgl. Übersicht 12 Rn. 53)
     b) Vertretenmüssen des Schuldners (§§ 283, 280 Abs. 1 Satz 2 BGB)
        → Kann sich ergeben aus § 276 BGB oder § 278 BGB
     c) Erheblichkeit der Pflichtverletzung, soweit „großer" Schadensersatz begehrt wird (§ 281 Abs. 1 Satz 3 BGB)
7. Vorliegen eines Schadens

Anstelle des Schadensersatzes statt der Leistung kann der Gläubiger nach § 284 BGB auch seine vergeblichen Aufwendungen ersetzt verlangen. Darunter sind Aufwendungen zu verstehen, die er im berechtigten Vertrauen auf den Erhalt der Leistung vergeblich getätigt hat (sog. **Frustrationsschaden**). Auch für den Anspruch nach § 284 BGB müssen die im obigen Schema genannten Voraussetzungen vorliegen.

Ersatz des Verzögerungsschadens wegen Verzögerung der Nacherfüllung

157 Auch bei einem Werkvertrag können dem Besteller Nachteile dadurch entstehen, dass der Unternehmer seine Pflicht zur Nacherfüllung verspätet erfüllt (z.B. Anmietung eines Ersatzfahrzeugs, wegen Verzögerung der Nachbesserung einer mangelhaft ausgeführten Reparatur am Fahrzeug des Bestellers). Der entsprechende Anspruch ergibt sich aus §§ 634 Nr. 4, 280 Abs. 1, 2, 286, 633 BGB. Zum Prüfungsablauf kann auf Übersicht 31 Rn. 118 verwiesen werden.

Schadensersatz wegen Mangelfolgeschadens

158 Mangelfolgeschäden, d.h. Schäden, die über das Erfüllungsinteresse hinausgehen, können, wie im Kaufrecht, über die allgemeine Schadensersatznorm des § 280 Abs. 1 BGB geltend gemacht werden. Einer vorherigen Nachfristsetzung bedarf es nicht.

159 | **Übersicht 45**

§§ 634 Nr. 4, 636, 280 Abs. 1, 633 BGB
1. Bestehen eines Werkvertrages i.S.v. § 631 BGB (vgl. Übersicht 39 Rn. 144)
2. Kein Ausschluss der Anwendbarkeit des Werkvertragsrechts durch § 651 BGB
3. Pflichtverletzung
   → Verletzung eines anderen Rechtsguts des Käufers durch Mangelhaftigkeit des Werkes
   a) Vorliegen eines Mangels (vgl. Übersicht 40 Rn. 148)
   b) Rechtsgutverletzung
   c) Kausalität
4. Keine Kenntnis des Bestellers vom Mangel (§ 640 Abs. 2 BGB)
5. Kein wirksamer Gewährleistungsausschluss
   – aufgrund individueller Vereinbarung (§ 639 BGB)
   – aufgrund AGB
6. Vertretenmüssen des Schuldners (§ 280 Abs. 1 Satz 2 BGB)
   → Kann sich ergeben aus § 276 BGB oder § 278 BGB
7. Schaden durch Pflichtverletzung

3. Fallbeispiel

160 ■ **Fall 19**

An einer der Zugmaschinen von Spediteur Hurtig ist die Bremsanlage defekt. Er bringt das Fahrzeug in die Werkstatt des Pfusch. Bei der ersten Fahrt mit dem reparierten Fahrzeug stellt sich heraus, dass die Bremse immer noch nicht korrekt funktioniert. Hurtig bringt darauf das Fahrzeug wieder zu Pfusch. Als Hurtig das Fahrzeug nach drei Tagen immer noch nicht zurückbekommen hat, fordert er Pfusch zur umgehenden Reparatur auf. Nachdem Hurtig zwei Tage später immer noch nicht seine Zugmaschine von Pfusch bekommen hat, mietet er bei der Fa. Intercar ein Ersatzfahrzeug. Drei Wochen später bekommt er seine Zugmaschine von Pfusch zurück, der diese ordnungsgemäß repariert hat. Hurtig möchte nun die Mietwagenkosten in Höhe von 3.000,– € von Pfusch ersetzt bekommen.

Kann Hurtig von Pfusch Ersatz der 3.000,– € Mietwagenkosten der Fa. Intercar verlangen?

Lösung:

Hurtig könnte gegen Pfusch ein Anspruch auf Ersatz der Mietwagenkosten in Höhe von 3.000,– € gem. §§ 634 Nr. 4, 636, 280 Abs. 1, 2, 286, 633 BGB (Anspruch auf Ersatz des Verzögerungsschadens wegen Verzögerung der Nacherfüllung) zustehen. Dazu müsste zwischen den beiden Parteien ein Werkvertrag bestehen und Pfusch müsste sich mit der Nacherfüllung im Verzug befinden.

Ein Werkvertrag ist dann gegeben, wenn zwei übereinstimmende Willenserklärungen vorliegen und diese die entgeltliche Herstellung eines Werks i. S. v. § 631 BGB zum Gegenstand haben. Hurtig und Pfusch hatten sich über die Reparatur der Bremsanlage geeinigt. Folglich liegt ein Werkvertrag vor. Anhaltspunkte für einen Ausschluss der Anwendung werkvertragsrechtlicher Regelungen gem. § 651 BGB ergeben sich nicht.

Weiterhin müsste sich Pfusch mit der Nacherfüllung im Verzug befinden. Voraussetzung hierfür ist das Bestehen einer Nacherfüllungspflicht. Dazu müsste zunächst ein Mangel gegeben sein. Ein solcher liegt gem. § 633 Abs. 2 BGB unter anderem dann vor, wenn die Ist-Beschaffenheit des Werkes von der Soll-Beschaffenheit abweicht. Die Bremsanlage war nach der ersten Reparatur durch Pfusch immer noch defekt. Somit weicht die Ist-Beschaffenheit von der Soll-Beschaffenheit ab. Deshalb liegt ein Mangel vor. Anhaltspunkte für den Ausschluss der Nacherfüllungspflicht (§ 640 Abs. 2 BGB, Gewährleistungsausschluss) bestehen nicht.

Darüber hinaus müsste Hurtig den Pfusch bezüglich der Beseitigung des Mangels gemahnt haben. In der Aufforderung des Hurtig, Pfusch möge die Reparatur umgehend vornehmen, liegt eine Mahnung i. S. v. § 286 Abs. 1 BGB.

Weiterhin müsste Pfusch die Verzögerung zu vertreten haben (§ 280 Abs. 1 Satz 2 BGB). Das Vertretenmüssen ergibt sich aus § 276 BGB. Danach hat der Schuldner, wenn nichts Anderes bestimmt ist, Vorsatz und Fahrlässigkeit zu vertreten. Die nicht rechtzeitige Durchführung der Nachbesserung durch Pfusch war mindestens fahrlässig, da sich keine gegenteiligen Anhaltspunkte ergeben. Folglich hat Pfusch die Verzögerung zu vertreten.

Schließlich müsste Hurtig durch die schuldhafte Verzögerung der Nacherfüllung ein Schaden entstanden sein. Dieser besteht in den Kosten für die nach Eintritt des Verzuges erfolgte Anmietung eines Ersatzfahrzeuges bei der Fa. Intercar in Höhe von 3.000,– €.

Folglich steht Hurtig gegenüber Pfusch ein Anspruch gem. §§ 634 Nr. 4, 633, 636, 280 Abs. 1, 2, 286 BGB auf Zahlung der 3.000,– € zu.

161 ■ **Fall 20**

Die Firma Flüchtig stellt Autositze her. Dabei fertigt sie sowohl Standardmodelle an, die in jedes Fahrzeug passen, als auch Spezialanfertigungen für bestimmte Abnehmer. Im Mai 2011 liefert sie an den Sportwagenhersteller Schrott 1.000 Sitze Ralley Spezial, die speziell auf die Bedürfnisse des Schrott zugeschnitten sind und in Fahrzeuge anderer Hersteller nicht eingebaut werden können. Beim Einbau der ersten Sitze stellt Schrott fest, dass die Kippmechanik nicht richtig funktioniert. Schrott beseitigt den Mangel selbst und möchte von Flüchtig die dafür angefallenen Kosten in Höhe von 10.000,– € ersetzt haben. Flüchtig lehnt dies ab, weil er die Reparatur für Schrott kostenlos hätte durchführen können.

Kann Schrott von Flüchtig Ersatz der 10.000,– € verlangen?

Lösung:

1. Anspruch aus §§ 634 Nr. 2, 637, 633 BGB

Schrott könnte gegen Flüchtig einen Anspruch auf die 10.000,– € aus §§ 634 Nr. 2 i. V. m. § 637 BGB haben. Dazu müsste zwischen ihm und Flüchtig ein Werkvertrag bestehen und das von Flüchtig hergestellte Werk mangelhaft sein.

Ein Werkvertrag ist dann gegeben, wenn zwei übereinstimmende Willenserklärungen vorliegen und diese die entgeltliche Herstellung eines Werkes i. S. v. § 631 BGB zum Gegenstand haben. Beides ist gegeben, da sich Schrott und Flüchtig geeinigt hatten, dass Flüchtig spezielle Autositze für Schrott herstellt. Damit liegt ein Werkvertrag vor.

Die Anwendung von Werkvertragsrecht wäre aber dennoch ausgeschlossen, wenn ein Werklieferungsvertrag i. S. v. § 651 BGB vorliegt. Ein solcher besteht dann, wenn der Vertrag die Lieferung herzustellender Sachen zum Gegenstand hätte. Das ist hier der Fall. Unerheblich ist nach § 651 BGB, ob vertretbare oder nicht vertretbare Sachen hergestellt werden sollen.

Damit ist gemäß § 651 BGB auf den Vertrag zwischen Schrott und Flüchtig Werkvertragsrecht nicht anwendbar. Ein Anspruch des Flüchtig aus §§ 634 Nr. 2, 637 BGB scheidet daher aus.

2. Anspruch aus §§ 437 Nr. 3, 440, 280 Abs. 1, 3, 281 Abs. 1, 434 BGB

Der Anspruch des Schrott könnte sich aber aus dem Sachmängelgewährleistungsrecht für den Kauf ergeben. Kaufrecht ist, wie oben festgestellt, anwendbar.

Ein Schadensersatzanspruch wegen eines Mangels der Kaufsache setzt zunächst einen Mangel bezüglich der Sitze voraus. Ein Mangel liegt nach § 434 BGB insbesondere vor, wenn die tatsächliche Beschaffenheit der Kaufsache von der vereinbarten Beschaffenheit abweicht. Aufgrund des Defekts der Kippmechanik eignen sich die Sitze nicht zu dem nach dem Vertrag vorausgesetzten Zweck, sodass ein Mangel i. S. v. § 434 Abs. 1 Satz 2 Nr. 1 BGB gegeben ist.

Dieser Mangel müsste auch schon zum Zeitpunkt des Gefahrübergangs vorgelegen haben. Das ist der Fall, da die Sitze schon bei der Übergabe an Schrott fehlerhaft waren.

Anhaltspunkte dafür, dass Schrott den Mangel kannte (§ 442 BGB), sowie für einen wirksamen Gewährleistungsausschluss, liegen nicht vor.

Schadensersatz wegen eines Mangels kann der Käufer aber nur bei Vorliegen weiterer Voraussetzungen verlangen. Soweit wie hier eine Nacherfüllung durch Beseitigung des Mangels möglich ist, muss der Käufer gemäß §§ 440, 281 BGB dem Verkäufer grundsätzlich erst eine angemessene Frist zur Beseitigung des Mangels einräumen. Dies hat Schrott nicht getan, sondern den Fehler sofort selbst behoben. Es könnte aber ein Fall des § 281 Abs. 2 BGB, nach dem eine Nachfristsetzung entbehrlich ist, vorliegen. Das ist nicht der Fall. Weder hat Flüchtig die Nachbesserung verweigert noch ergibt eine Interessenabwägung, dass eine Fristsetzung dem Flüchtig nicht zumutbar war.

Damit scheidet ein Anspruch aus §§ 437 Nr. 3, 440, 280 Abs. 1, 3, 281 Abs. 1, 434 BGB aus.

3. Anspruch aus §§ 683, 670 BGB

Schrott könnte einen Anspruch auf Ersatz seiner Aufwendungen aber unter dem Gesichtspunkt einer berechtigten Geschäftsführung ohne Auftrag haben. Dazu müsste er ein fremdes Geschäft geführt haben. Aufgrund der gesetzlichen Verpflichtung zur Nachbesserung war die Reparatur der Sitze ein Geschäft des Flüchtig, also für Schrott ein fremdes Geschäft.

Eine Ermächtigung des Schrott zur Ausführung dieses Geschäftes lag ebenfalls nicht vor. Schrott hatte auch Fremdgeschäftsführungswillen, was daraus ersichtlich ist, dass er jetzt seine Aufwendungen von Flüchtig ersetzt verlangt.

Fraglich ist aber, ob Schrott zur Ausführung des Geschäfts berechtigt war. Dazu müsste die Ausführung dem objektiven Interesse und dem wirklichen oder mutmaßlichen Interesse des Geschäftsherrn, also des Flüchtig, entsprochen haben (§ 683 Satz 1 BGB). Dies ist zu verneinen, da der Verkäufer ein berechtigtes Interesse daran hat, Fehler einer von ihm gelieferten Sache zunächst selbst in Ordnung zu bringen. Damit liegt kein Fall der berechtigten Geschäftsführung ohne Auftrag vor.

Schrott hat auch aus §§ 683, 670 BGB keinen Anspruch gegen Flüchtig.

Als Gesamtergebnis bleibt somit festzuhalten, dass Schrott keinerlei Ansprüche gegen Flüchtig zustehen.

IV. Ansprüche aus einem Darlehensvertrag

162 Bei der Prüfung eines Anspruchs aus Darlehen ist zu beachten, dass unterschiedliche Rechtsgrundlagen bestehen, je nachdem, ob Gegenstand des Darlehens Geld oder eine bewegliche Sache ist. Von allen in Betracht kommenden Ansprüchen im Zusammenhang mit Darlehen werden an dieser Stelle lediglich die Rückzahlungs- und die Rückgabeansprüche behandelt, weil Ansprüche auf Zinszahlungen sowie Auszahlung der Darlehensvaluta bzw. Übergabe der Sache in wirtschaftsrechtlichen Klausuren nur eine untergeordnete Bedeutung haben.

1. Anspruch auf Rückzahlung bei einem Gelddarlehen

a) Einführung

163 Eine häufige Problematik bei Ansprüchen im Zusammenhang mit einem Gelddarlehen sind die Besonderheiten, die sich für das Zustandekommen des Vertrages aus den Schutzvorschriften für Verbraucher ergeben. Diese befinden sich in den §§ 491 ff. BGB. Hinzuweisen ist darauf, dass der Darlehensvertrag mit dem Verbraucher (§ 13 BGB) grundsätzlich nichtig ist (Ausnahmen § 491 Abs. 2 BGB), wenn er nicht schriftlich abgefasst ist bzw. nicht die nach § 492 Abs. 2 BGB i. V. m. Art. 247 §§ 6–13 EGBGB erforderlichen Angaben enthält (§ 494 BGB; Ausnahmen § 494 Abs. 2 Satz 1 BGB) und gar nicht erst zu Stande kommt, wenn der Verbraucher von seinem Widerrufsrecht nach § 495 BGB Gebrauch macht.

§ 358 BGB regelt für das Verbraucherdarlehen die Möglichkeit des Widerrufs für verbundene Verträge. Danach kann, wenn der Darlehensvertrag mit einem Vertrag, der die Lieferung einer Ware oder die Erbringung einer anderen Leistung zum Gegenstand hat, verbunden ist, bei einem Widerruf des einen Vertrages auch der jeweils andere Vertrag widerrufen werden. Ein Widerruf ist nicht möglich, wenn die Voraussetzungen des § 491 Abs. 3 BGB vorliegen.

b) Prüfungsablauf

164 | **Übersicht 46**

§ 488 Abs. 1 Satz 2 BGB
1. Abschluss eines Darlehensvertrages
   - Wirksame Einigung
   - Vertragsgegenstand ist die entgeltliche Zurverfügungstellung eines Geldbetrages
   - Besonderheiten des Vertragsabschlusses beim Verbraucherdarlehensvertrag
     - Schriftform (§ 492 BGB) mit den in § 492 Abs. 2 BGB i. V. m. Art. 247 §§ 6–13 EGBGB genannten Angaben
     - Kein Widerruf nach §§ 495 Abs. 1, 355, 356 b BGB

2. Fälligkeit der Rückzahlungsverpflichtung (§ 488 Abs. 1 Satz 2, Abs. 3 BGB)
   - aufgrund Zeitablauf
   - aufgrund wirksamer Kündigung
     a) Kündigungserklärung
     b) Einhaltung einer Kündigungsfrist von 3 Monaten unter den in § 488 Abs. 3 BGB genannten Voraussetzungen, soweit nicht Fall des § 490 BGB

Hinsichtlich der Ausübung und der Folgen des Widerrufsrechts gelten die gleichen Grundsätze wie bei allen Verbrauchswiderrufsrechten (vgl. oben Rn. 24 ff.).

2. Anspruch auf Rückgabe bei einem Sachdarlehen

a) Einführung

Der Begriff des Sachdarlehens spielt im Wirtschaftsverkehr hauptsächlich im Zusammenhang mit der sog. Wertpapierleihe eine Rolle. Damit ist die Verwahrung von Wertpapieren in sog. Sammeldepots gemeint (vgl. dazu auch § 5 DepotG).   **165**

b) Prüfungsablauf

Übersicht 47   **166**

§ 607 Abs. 1 Satz 2 BGB
1. Abschluss eines Sachdarlehensvertrages
   - Wirksame Einigung
   - Vertragsgegenstand ist die entgeltliche Überlassung einer vertretbaren Sache (§ 91 BGB)
2. Fälligkeit der Rückerstattungsverpflichtung
   - Ablauf der vereinbarten Zeit
   - Kündigung (§ 608 BGB)

V. Ansprüche aus weiteren für die Wirtschaft relevanten Verträgen

1. Anspruch gegen den Bürgen aus einem Bürgschaftsvertrag

a) Einführung

Die Bürgschaft spielt als Mittel der Absicherung von Krediten in der Praxis eine wichtige Rolle. Besondere Bedeutung hat die Abhängigkeit des Bürgschaftsversprechens von der zu sichernden Forderung (sog. **Akzessorietät**). Diese wirkt sich dahingehend aus, dass der Bestand der Bürgschaft untrennbar mit dem Bestand der Forderung zusammenhängt und dass auch dem Bürgen sämtliche Einreden des Schuldners gegen die Forderung zustehen (§ 768 BGB). Wichtig für die Prüfung des Anspruchs ist weiterhin die Unterscheidung zwischen der selbstschuldnerischen Bürgschaft einerseits und der Aus-   **167** fallbürgschaft andererseits. Nur bei Letzterer steht dem Bürgen die Einrede der Vorausklage (§ 771 BGB) zu. Zu beachten ist, dass die Bürgschaft, die ein Kaufmann im Rahmen seines Handelsgewerbes übernimmt, stets eine selbstschuldnerische ist (§ 349 HGB).

b) Prüfungsablauf

168

Übersicht 48

§§ 765 ff. BGB

1. Abschluss eines Bürgschaftsvertrages
   a) Wirksame Einigung zwischen Gläubiger der zu sichernden Forderung und Bürgen (§ 765 BGB)
   b) Schriftlichkeit der Bürgschaftserklärung (§ 766 BGB), es sei denn § 350 HGB
   c) Bestehen einer zu sichernden Hauptforderung
2. Kein Untergang des Bürgschaftsanspruchs durch
   – Erlöschen der zu sichernden Forderung (§ 767 Abs. 1 BGB)
   – Ablauf der vereinbarten Zeit (§ 777 BGB)
   – Übernahme der zu sichernden Forderung durch einen anderen Schuldner (§ 418 BGB)
   – Befreiung des Bürgen
     • Gründe des § 775 BGB, z.B. Verschlechterung der Vermögensverhältnisse des Hauptschuldners
     • Aufgabe der Sicherheit durch den Gläubiger (§ 776 BGB)
3. Keine Einrede des Bürgen, insbesondere
   – Einreden des Hauptschuldners gegen die zu sichernde Forderung (§ 768 BGB)
   – Einreden der Anfechtbarkeit oder Aufrechenbarkeit (§ 770 BGB)
   – Einrede der Vorausklage gem. § 771 BGB, soweit keine selbstschuldnerische Bürgschaft übernommen

---

169 Bei dem wirksamen Abschluss eines Bürgschaftsvertrages werden in Klausuren hauptsächlich zwei Problematiken zur Prüfung gestellt. Zum einen kann das die Formbedürftigkeit der Bürgschaft sein, weil nicht der gesamte Vertrag, sondern lediglich die Erklärung des Bürgen der Schriftform bedarf und dieses Formerfordernis ganz entfällt, wenn der Bürge Kaufmann (§§ 1 ff. HGB) und die Bürgschaft für ihn ein Handelsgeschäft i. S. d. §§ 343, 344 HGB ist (§ 350 HGB). Zum Anderen kann ein Bürgschaftsvertrag nach § 138 Abs. 1 BGB nichtig sein. Nach der Rechtsprechung (BGH, NJW 2001, 815) liegt ein Verstoß gegen die guten Sitten vor, wenn sich insbesondere eine Bank ein Bürgschaftsversprechen von einem Angehörigen geben lässt, bei dem es aufgrund seiner Vermögensverhältnisse von vornherein unmöglich ist, die Forderung zu realisieren (vgl. zu dieser Problematik auch Görtz-Leible/Leible, JA 2001, 737 ff.).

170 Ergänzt werden kann die Frage nach dem Anspruch des Gläubigers gegen den Bürgen evtl. um die Prüfung, inwieweit der Bürge, der den Gläubiger befriedigt hat, beim Schuldner bzw. bei anderen Sicherungsgebern Regress nehmen kann. Die Inanspruchnahme des Schuldners hängt von der Rechtsbeziehung zwischen ihm und dem Bürgen ab. Bezüglich der Inanspruchnahme anderer Sicherungsgeber ist zu beachten, dass die Forderung des Gläubigers gegen den Schuldner auf den Bürgen übergeht (§ 774 BGB). Dies beinhaltet gem. §§ 412, 401 BGB, dass auch für die Forderung bestehende weitere Sicherheiten auf den Bürgen übergehen. Sind solche vorhanden, z. B. eine weitere Bürgschaft oder eine Hypothek, stellt sich die Frage des Ausgleichs unter den verschiedenen Sicherungsgebern. Für weitere Bürgen bestimmt § 774 Abs. 2 BGB die Anwendung des § 426 BGB. Dieser gilt nach h. M. aber auch gegenüber anderen Sicherungsgebern. Das bedeutet, dass der Bürge die übergegangenen Sicherheiten nur anteilig verwerten kann (vgl. BGH, NJW 1992, 3228; Mertens Schröder, Der Ausgleich zwischen Bürgen und dinglichen Sicherungsgebern, Jura 1992, 305).

c) Fallbeispiel

■ Fall 21

Unternehmer Arm will von Lieferant Luschig Waren zur weiteren Verarbeitung in Höhe von 50.000,– € beziehen. Da er in fünf Raten bezahlen will, verlangt Luschig zur Absicherung seiner Forderung Sicherheiten. Daraufhin bittet Arm den befreundeten Privatmann Sorglos, für ihn zu bürgen. Deshalb schickt Sorglos dem Luschig einen Brief, wonach er für die Forderung des Luschig gegen Arm eintreten wolle, falls Arm nicht zahlen könne. Luschig stimmt dem in einem Anruf bei Sorglos zu. Nach Zahlung der zweiten Rate geht es Arm finanziell so schlecht, dass er sich entschließt, sein Unternehmen an seinen bisherigen Konkurrenten Krösus zu veräußern. Krösus übernimmt im entsprechenden Vertrag mit schriftlicher Zustimmung des Sorglos und des Luschig auch die Forderung des Luschig. Drei Monate nach diesen Vorgängen verlangt Luschig von Sorglos die Zahlung der ausstehenden 30.000,– €, weil sich Krösus aufgrund angeblicher Mängel der an Luschig gelieferten Ware weigert, die Forderung des Luschig zu begleichen.

Muss Sorglos zahlen?

171

Lösung:

Sorglos wäre verpflichtet, an Luschig zu zahlen, wenn dieser einen entsprechenden Anspruch gegen Sorglos hätte.

Der Anspruch könnte sich daraus ergeben, dass Sorglos eine Bürgschaft übernommen hat. Anspruchsgrundlage wäre dann § 765 BGB i. V. m. § 433 Abs. 2 BGB.

Der Anspruch setzt zunächst voraus, dass Sorglos dem Luschig gegenüber eine Bürgschaft für die Forderung des Luschig gegenüber Arm übernommen hat. Gem. § 765 BGB erfordert die Übernahme einer Bürgschaft einen Vertrag zwischen dem Gläubiger und dem Bürgen. Entsprechende Willenserklärungen wurden zwischen Luschig und Sorglos abgegeben. Es wurde auch die nach § 766 BGB erforderliche Form eingehalten, da die Erklärung des Sorglos schriftlich (§ 126 BGB) erfolgte und für die Erklärung des Gläubigers keine Form vorgeschrieben ist.

Fraglich ist aber, ob dieser Bürgschaftsvertrag durch die Übernahme der Verbindlichkeiten des Arm gegenüber Luschig durch Krösus berührt wird. Dieser Vertrag im Rahmen des Unternehmensverkaufs des Arm stellt eine Schuldübernahme i. S. v. § 415 BGB dar. Gem. § 418 Abs. 1 Satz 1 BGB erlöschen bei der Schuldübernahme die für die übernommene Schuld bestehenden Bürgschaften. Dies gilt nach § 418 Abs. 1 Satz 3 BGB allerdings nicht, wenn der Bürge in die Schuldübernahme einwilligt. Da Sorglos in die Schuldübernahme durch Krösus eingewilligt hat, liegt diese Voraussetzung vor. Damit wird der Bürgschaftsvertrag zwischen Luschig und Sorglos durch den Eintritt des Krösus in die Schuld des Arm nicht berührt. Luschig hätte also an sich einen Anspruch gegen Sorglos aus § 765 BGB.

Zu prüfen ist aber, ob dem Sorglos Einreden zustehen. Gem. § 768 BGB kann der Bürge die Einreden des Hauptschuldners gegenüber dem Gläubiger ebenfalls geltend machen. Der Krösus, der nunmehr Hauptschuldner ist, wendet gegen die Forderung des Luschig ein, dass die bezogenen Waren mangelhaft waren. Soweit diese Einwände zutreffen, könnte sich Sorglos ebenfalls darauf berufen und die Zahlung verweigern.

Gem. § 771 BGB kann der Bürge die Zahlung auch verweigern, solange nicht der Gläubiger eine Zwangsvollstreckung gegen den Hauptschuldner ohne Erfolg versucht hat (sog. Einrede der Vorausklage). Diese Einrede steht dem Sorglos gegenüber Luschig zu, da Luschig noch nicht versucht hat, von Krösus die ausstehende Forderung beizutreiben. Diese Einrede des Sorglos ist auch nicht gem. § 773 BGB ausgeschlossen, da der Sorglos keine selbstschuldnerische Bürgschaft übernommen hat, sondern für die Forderung des Arm nur einstehen wollte, falls dieser ausfällt (sog. Ausfallbürgschaft).

Damit kann Sorglos die Zahlung gem. §§ 768, 771 BGB verweigern. Luschig hat also keinen Anspruch auf Zahlung der Kaufpreisforderung gegen Sorglos.

2. Anspruch des Leasingnehmers bei Mängeln der Leasingsache

a) Einführung

172 Von den in der Praxis existierenden Gestaltungsmöglichkeiten des Leasing ist in der Klausur lediglich das sog. Finanzierungsleasing relevant, bei dem ein Wirtschaftsgut, das der Leasinggeber von einem Hersteller oder Lieferanten erworben hat, dem Leasingnehmer gegen die Zahlung von regelmäßigen Leasingraten für eine bestimmte Zeit zum Gebrauch überlassen wird. Das Finanzierungsleasing, für das über § 506 Abs. 2 BGB bestimmte Verbraucherschutzvorschriften anwendbar sein können, bereitet in der Klausur deswegen oft Probleme, da sich seine Behandlung außer nach den konkreten Vereinbarungen teilweise nach Mietrecht und teilweise nach Kaufrecht richtet.

Bezüglich der Frage der Gewährleistung ist es üblich, dass im Vertrag zwischen Leasinggeber und Leasingnehmer Gewährleistungsansprüche ausgeschlossen sind und der Leasinggeber dafür seine Gewährleistungsansprüche aus dem Kaufvertrag mit seinem Lieferanten an den Leasingnehmer abtritt. Insoweit ist aber stets darauf zu achten, was der Sachverhalt zu den Vereinbarungen zwischen Leasinggeber und Leasingnehmer aussagt. **173**

b) Prüfungsablauf

Anspruch des Leasingnehmers gegen den Hersteller

Aufgrund der oben dargestellten üblichen Regelung bei Leasingverträgen kann der Leasingnehmer bei Mängeln der Leasingsache nur gegen den Hersteller vorgehen, wobei sich seine Ansprüche nach den kaufrechtlichen Gewährleistungsregelungen richten (vgl. Übersichten 27 bis 32 Rn. 108 ff.). **174**

Übersicht 49 **175**

Anspruch des Leasingnehmers gegen den Hersteller
1. Abschluss eines Leasingvertrages
   a) Wirksame Einigung
   b) Ggf. besondere Voraussetzungen bei Verträgen zwischen Unternehmern (§ 14 BGB) und Verbrauchern (§ 13 BGB)
      (1) Schriftform (§§ 506 Abs. 2, 492 Abs. 1 Satz 1 BGB)
      (2) Kein Widerruf (§§ 506 Abs. 2, 495 Abs. 1, 355, 356 c BGB)
2. Abtretung der Gewährleistungsansprüche des Leasinggebers gegen den Hersteller an den Leasingnehmer
3. Vorliegen eines Mangels der Leasingsache gem. §§ 434, 435 BGB
4. Voraussetzungen des gewählten Anspruchs (vgl. Übersichten 27 bis 32 Rn. 108 ff.)

Erlöschen des Zahlungsanspruchs des Leasinggebers gegen den Leasingnehmer

Die dargestellte rechtliche Konstruktion bringt das Problem mit sich, dass der Leasingnehmer, falls er aufgrund eines Mangels der Kaufsache vom Kaufvertrag zwischen Hersteller und Leasinggeber zurücktritt, von der Verpflichtung zur Zahlung der Leasingraten an den Leasinggeber befreit werden muss. Ist Leasingnehmer ein Verbraucher, ergibt sich die Auflösung auch des Leasingvertrages aus §§ 506 Abs. 2, 358 Abs. 1 BGB. Bei Verträgen zwischen Unternehmern geht die h. M. (BGHZ 109, 139) wegen der tatsächlichen Verknüpfung zwischen Leasingvertrag und Kaufvertrag Hersteller – Leasinggeber davon aus, dass dem Leasingvertrag die Geschäftsgrundlage entzogen ist und er deshalb aufgelöst wird (vgl. § 313 BGB). **176**

177 **Übersicht 50**

Erlöschen des Zahlungsanspruchs des Leasinggebers gegen den Leasingnehmer
1. Abschluss eines Leasingvertrages (vgl. Übersicht 49 Punkt 1, Rn. 175)
2. Wirksamer Ausschluss der Gewährleistungsrechte nach Mietrecht
3. Wegfall der Zahlungspflicht
   - §§ 506 Abs. 2, 358 Abs. 1 BGB (Verbraucher)
   - Wegfall der Geschäftsgrundlage gem. § 313 BGB (Unternehmer)
   a) Schwerwiegende Veränderung der Geschäftsgrundlage
   b) Festhalten am ursprünglichen Vertrag ist Leasingnehmer nicht zumutbar
   c) Bloße Anpassung des Vertrages ist Leasingnehmer nicht zumutbar (§ 313 Abs. 3 BGB)

3. Ansprüche des Leasinggebers bei Zahlungsverzug des Leasingnehmers

a) Einführung

178 Bei Verzug des Leasingnehmers mit der Zahlung der Leasingraten ergibt sich insoweit eine Erweiterung der normalen Gläubigerrechte bei Schuldnerverzug, als aufgrund der dem Leasingvertrag innewohnenden mietvertraglichen Elemente dem Leasinggeber ein Kündigungsrecht zusteht.

b) Prüfungsabläufe

179 **Übersicht 51**

§§ 280 Abs. 2, 286 BGB – Ersatz des Verzögerungsschadens
1. Vorliegen eines Leasingvertrages (vgl. Übersicht 49 Punkt 1, Rn. 175)
2. Zahlung fällig und Zahlungsanspruch durchsetzbar
3. Mahnung (§ 286 Abs. 1 BGB)/Entbehrlichkeit der Mahnung (§ 286 Abs. 2 u. 3 BGB) (vgl. Übersicht 19 Rn. 80)
4. Vertretenmüssen des Leasingnehmers (§ 280 Abs. 1 Satz 2 BGB)
5. Verzögerungsschaden

Kündigung des Leasingvertrages

180 **Übersicht 52**

§ 543 Abs. 2 Nr. 3 BGB
1. Vorliegen eines Leasingvertrages (vgl. Übersicht 49 Punkt 1, Rn. 175)
2. Verzug des Leasingnehmers (vgl. oben Übersicht 51 Punkte 2 bis 4, Rn. 179)
3. Rückstand erheblich
4. Kündigungserklärung

181 Die Erheblichkeit des Rückstandes liegt entsprechend § 543 Abs. 2 Nr. 3 BGB vor, wenn der Leasingnehmer für zwei aufeinanderfolgende Termine mit der Zahlung seiner Leasingrate ganz oder mit einem erheblichen Teil im Rückstand ist oder er für einen längeren Zeitraum noch Leasingraten in Höhe von insgesamt zwei Monatsraten schuldet.

VI. Vertiefungshinweise/Coachingzone 182

1. Spezialprobleme

– Entbehrlichkeit der Nachfristsetzung: besondere Umstände, die eine Nachfrist entbehrlich machen können (vgl. § 281 Abs. 2 2. Alt. und § 323 Abs. 2 Nr. 3 BGB) sind, dass der Gläubiger die Zwecke, die er mit der Leistung verfolgt, infolge der Pflichtwidrigkeit des Schuldners nicht mehr erreichen kann, das arglistige Verschweigen eines Mangels durch den Verkäufer (BGH NJW 2008, 1371) oder entsprechend den Wertungen des § 440, 636 BGB, dass die Leistung des Schuldners fehlgeschlagen ist.

– Kosten der Nacherfüllung (§ 439 Abs. 2 BGB): umstritten ist, ob § 439 Abs. 2 BGB eine Anspruchsgrundlage ist (bejahend: BGH NJW 2008, 2837 – Parkettstäbe; zur Gegenansicht vgl. Faust, BeckOK BGB § 439 Rn. 21). Danach bekommt der Käufer nach § 439 Abs. 2 BGB z. B. Ersatz für die Kosten des Transports der mangelhaften Sache zum Verkäufer, für Aufwendungen zur Erforschung der Ursachen des Mangels und neuerdings beim Verbrauchsgüterkauf auch für die Kosten für den Aus- und Einbau der Sache (BGH NJW 2012, 1073). Hintergrund für Letzteres ist die richtlinienkonforme Auslegung des § 439 Abs. 1 BGB, da die Nacherfüllungspflicht auch den Ausbau der mangelhaften Sache und den Einbau einer mangelfreien mit umfasst (ausführlich zur Problematik Augenhofer/Appenzeller/Holm: Nacherfüllungsanspruch und Aus- und Einbaukosten, JuS 2011, 680 ff.).

2. Weitere Übungsfälle

– Sachmängelhaftung Kaufvertrag: Fritsche, Fälle zum Schuldrecht I – Vertragliche Schuldverhältnisse, 6. Aufl. 2014, Fall 25, S. 241
– Gewährleistung Werkvertrag: Hoffmann, Technik der Fallbearbeitung Wirtschaftsprivatrecht, 4. Aufl. 2015, S. 127 ff.

3. Aufsätze/Rechtsprechung

– Aufsätze. Jäckel/Tonikidis, Der kaufrechtliche Ausbesserungsanspruch, JuS 2013, 302; Harriehausen, Die aktuellen Entwicklungen im Leasingrecht, NJW 2014, 3407.
– Urteile: BGH JA 2014, 625 (Beweislastumkehr für Mangelursache beim Verbrauchsgüterkauf); BGH NJW 2015, 1874 (Schönheitsreparaturen bei Wohnraummiete).

D. Glossar/Definitionen

Abnahme
Beim Werkvertrag körperliche Entgegennahme eines Werkes mit dem Erklärungs-inhalt, dass das Werk vertragsgemäß hergestellt ist (§ 640 BGB) bzw. wider-spruchslose Ingebrauchnahme des Werkes; beim Kaufvertrag bedeutet Abnahme i. S. d. § 433 Abs. 2 BGB die körperliche Entgegennahme der Kaufsache durch den Käufer; ohne gesonderte Vereinbarung handelt es sich dabei nur um eine Neben-pflicht

Abschlussfreiheit
Teil der *Vertragsfreiheit* (Privatautonomie); jeder kann frei darüber entscheiden, ob und mit wem er einen Vertrag abschließt; Ausnahmen: Kontrahierungszwang bei Monopolstellung, Verstoß gegen das *AGG*

Absolute Rechte
Herrschaftsrechte, die gegenüber jedermann Wirkung entfalten (z. B. Eigentum)

Abstraktionsprinzip
Baut auf dem *Trennungsgrundsatz* auf; bedeutet, dass Verpflichtungs- und Verfü-gungsgeschäft in ihrem Bestand völlig unabhängig voneinander sind, d. h. Fehlen oder Fehler des Verpflichtungsgeschäfts wirken sich nicht auf das Verfügungsge-schäft aus

Abtretung
§§ 398 ff. BGB
Übertragung einer Forderung (= Verfügung) von einem alten Gläubiger (Zedenten) auf einen neuen Gläubiger (Zessionar); kommt zu Stande durch einen Abtretungs-vertrag zwischen dem alten und dem neuen Gläubiger; Schuldner wird durch die §§ 404 ff. BGB geschützt

Aliud-Lieferung
§ 434 Abs. 3 BGB
= Falschlieferung; bedeutet die Lieferung einer völlig anderen als der vereinbarten Sache; stellt einen Sachmangel i. S. d. Gewährleistungsrechts dar

Allgemeine Geschäftsbedingungen
Vorformulierte Bedingungen für eine Vielzahl von Verträgen, die der Verwender der anderen Partei bei Abschluss des Vertrages stellt (vgl. aber auch § 310 Abs. 3 BGB); müssen insbesondere wirksam einbezogen werden (§ 305 BGB) und gemäß den §§ 307–309 BGB inhaltlich zulässig sein

Allgemeines Gleichbehandlungsgesetz (AGG)
Verbietet Benachteiligungen aus Gründen der Rasse, der ethnischen Herkunft, des Geschlechts, der Religion oder Weltanschauung, einer Behinderung, des Alters oder der sexuellen Identität; gilt gemäß § 19 AGG auch für andere zivilrechtliche Schuldverhältnisse als Arbeitsverträge

Anfängliche Unmöglichkeit
§ 311 a BGB
Liegt vor, wenn die geschuldete Leistung schon vor Vertragsschluss nicht mehr er-bracht werden kann; Unterscheidung zwischen objektiver und subjektiver anfäng-licher Unmöglichkeit ist unerheblich; die Wirksamkeit des Vertrages bleibt in bei-den Fällen unberührt (§ 311 a Abs. 1 BGB); Gläubiger kann aber vom Vertrag

zurücktreten (§ 323 Abs. 1 BGB) und/oder Schadensersatz statt der Leistung oder Aufwendungsersatz verlangen, falls der Schuldner das Leistungshindernis bei Vertragsschluss kannte oder grob fährlässig nicht kannte (§ 311a Abs. 2 BGB)

Anfechtung
§§ 119ff., 142, 143 BGB
Rückwirkende Vernichtung eines fehlerhaften Rechtsgeschäfts durch einseitige Willenserklärung

Anfechtungserklärung
§ 143 BGB
Erklärung gegenüber Anfechtungsgegner, dass ein bestimmtes Rechtsgeschäft angefochten werden soll

Anfechtungsfrist
§§ 121, 124 BGB
Zeitraum, in dem ein Rechtsgeschäft angefochten werden kann; bei Irrtumsanfechtung (§§ 119, 120 BGB) ist Anfechtung unverzüglich, d.h. ohne schuldhaftes Zögern, nach Kenntniserlangung vom Anfechtungsgrund zu erklären; bei Anfechtung nach § 123 BGB Anfechtungserklärung innerhalb eines Jahres nach Entdeckung der Täuschung bzw. nach Ende der Zwangslage möglich

Anfechtungsgrund
§§ 119, 120, 123 BGB
Fälle, in denen das Gesetz eine Anfechtung zulässt: Erklärungs- oder Inhaltsirrtum, Irrtum über verkehrswesentliche Eigenschaften einer Person oder Sache, falsche Übermittlung, arglistige Täuschung oder widerrechtliche Drohung

Angebot
§ 145 BGB
= Antrag; Willenserklärung, die auf Abschluss eines Vertrages gerichtet ist

Annahme
§§ 147ff. BGB
Vorbehaltlose und inhaltsgleiche Bejahung eines Antrags auf Abschluss eines Vertrages

Annahmeverzug
§§ 293ff. BGB
= *Gläubigerverzug*, Nichtannahme der dem Gläubiger ordnungsgemäß angebotenen und möglichen Leistung

Anscheinsvollmacht
Fall der Vollmacht kraft Rechtsscheins; liegt vor, wenn der Vertretene das Handeln seines angeblichen Vertreters zwar nicht kennt, es aber bei pflichtgemäßer Sorgfalt hätte erkennen und verhindern können und der Geschäftsgegner nach Treu und Glauben annehmen durfte, der Vertretene hätte dem angeblichen Vertreter tatsächlich Vertretungsmacht erteilt; Rechtsfolge: Geschäftsherr muss Geschäft des angeblichen Vertreters für und gegen sich gelten lassen

Anspruch
§ 194 Abs. 1 BGB
Recht, von einem anderen ein Tun oder Unterlassen zu verlangen

Anspruchsgrundlage
Norm, die auf der Rechtsfolgenseite einen Anspruch zuspricht oder eine Verpflichtung begründet

Anwartschaftsrecht
Dingliches selbständiges Recht; gilt als Vorstufe zum Eigentumserwerb (oft auch als „wesensgleiches Minus zum Eigentum" bezeichnet; entsteht insbesondere beim Kauf unter *Eigentumsvorbehalt*

Arglistige Täuschung
§ 123 BGB
Vorsätzliche Irreführung eines anderen bei Abgabe einer Willenserklärung; kann durch aktives Tun oder bei Bestehen einer Aufklärungspflicht durch Unterlassen erfolgen

Arglistiges Verschweigen
Bewusste Nichtaufklärung über eine Tatsache trotz Aufklärungspflicht

Aufklärungspflicht
Pflicht, über gewisse Tatsachen aufzuklären (§§ 241 Abs. 2, 242 BGB); bei Verletzung Schadensersatz aus Vertragsverletzung (§ 280 BGB) und/oder deliktische Haftung (§ 823 ff. BGB) möglich

Auflassung
§§ 873, 925 BGB
Die zur Übertragung des Eigentums an einem Grundstück erforderliche notariell beurkundete Einigung über den Eigentumsübergang

Auflösende Bedingung
§ 158 Abs. 2 BGB
Vereinbarung mit dem Inhalt, dass bei Eintritt eines ungewissen, künftigen Ereignisses die Wirkung eines Rechtsgeschäfts entfallen soll

Aufrechnung
§§ 387 ff. BGB
Rechtsgeschäft, bei dem durch einseitige Willenserklärung zwei sich gegenüberstehende Forderungen erlöschen, soweit sie sich decken

Aufschiebende Bedingung
§ 158 Abs. 1 BGB
Vereinbarung mit dem Inhalt, dass die Wirkung eines Rechtsgeschäfts erst mit dem Eintritt eines ungewissen, künftigen Ereignisses eintreten soll

Aufwendungen
Freiwillig erbrachte Vermögensopfer; bei Leistungsstörungen kann Gläubiger gem. § 284 BGB die Aufwendungen ersetzt verlangen, die er im Vertrauen auf den Erhalt der Leistung gemacht hat; gem. § 670 BGB kann Beauftragter die zum Zwecke der Ausführung des Auftrags erforderlichen Aufwendungen vom Auftraggeber ersetzt verlangen

Auslegung von Verträgen
§ 157 BGB
Verträge sind so auszulegen, wie Treu und Glauben mit Rücksicht auf die Verkehrssitte es erfordern; dabei ist auf die Sicht eines durchschnittlichen Dritten abzustellen (sog. objektiver Empfängerhorizont)

Außenvollmacht
§ 167 Abs. 1 2. Fall BGB
Unterfall der Erteilung einer Vollmacht; erfolgt durch Erklärung an den Dritten, demgegenüber die Vertretung stattfinden soll

Außerhalb von Geschäftsräumen geschlossene Verträge
Verbraucherverträge (§ 312 Abs. 1 BGB), die an Orten geschlossen oder angebahnt werden, an denen Verbraucher mit Vertragsabschluss nicht rechnen muss; Verbraucher wird durch ein Widerrufsrecht, das er grundsätzlich innerhalb von 14 Tagen nach Vertragsschluss erklären muss, geschützt.

Außerordentliche Kündigung
§§ 490, 543 Abs. 2, 626 BGB
Beendigung eines Vertrages aus wichtigem Grund (Festhalten am Vertrag nicht zumutbar) ohne Kündigungsfrist

Bedingung
§ 158 BGB
Abhängigmachen des Beginns oder des Endes der Wirkungen eines Rechtsgeschäfts von einem zukünftigen, ungewissen Ereignis

Befristung
§ 163 BGB
= Zeitbestimmung; Abhängigmachen des Beginns oder des Endes der Wirkungen eines Rechtsgeschäfts von einem zukünftigen, gewissen Ereignis

Beschaffungsrisiko
§ 276 Abs. 1 Satz 1 BGB
Fall der verschärften Haftung; erfasst auch die Beschaffungspflicht bei der Gattungsschuld

Beschränkte Geschäftsfähigkeit
§§ 106, 107 BGB
Minderjährige zwischen 7 und 17 Jahren bedürfen für eine wirksame Willenserklärung der ausdrücklichen oder konkludenten Zustimmung ihres gesetzlichen Vertreters, sofern das Rechtsgeschäft nicht lediglich rechtlich vorteilhaft ist

Besitz
§ 854 BGB
Tatsächliche Gewalt einer Person über eine Sache

Besitzmittlungsverhältnis
§ 868 BGB
Verhältnis zwischen mittelbarem und unmittelbarem Besitzer, aufgrund dessen dieser dem anderen gegenüber auf Zeit zum Besitz berechtigt oder verpflichtet ist

Bestandteil
§§ 93 ff. BGB
Körperlicher Gegenstand, der notwendiger Teil einer zusammengesetzten Sache ist; bezüglich der Frage der rechtlichen Selbständigkeit ist zwischen einfachen und wesentlichen Bestandteilen zu unterscheiden; nur *wesentliche Bestandteile* teilen das Schicksal der Hauptsache

Besteller
§ 631 BGB
Auftraggeber eines Werkvertrages

Bringschuld
Liegt vor, wenn *Erfüllungsort* Wohn- oder Geschäftssitz des Gläubigers ist; kann sich aufgrund ausdrücklicher Vereinbarung oder aus der Natur des Rechtsverhältnisses ergeben

Bösgläubigkeit
§ 932 Abs. 2 BGB
Wissen oder grob fahrlässiges Nichtwissen eines rechtlich bedeutsamen Umstandes

Bürgschaft
§ 765 BGB
Vertrag, bei dem sich jemand (Bürge) gegenüber dem Gläubiger eines Dritten verpflichtet, für die Erfüllung der Verbindlichkeit des Dritten einzustehen; unter Privatleuten aufgrund der Einrede des § 771 BGB grds. nur sog. Ausfallbürgschaft, d. h. Anspruch gegen Bürgen nur, wenn Anspruch gegen Schuldner nicht durchsetzbar ist; siehe auch *selbstschuldnerische Bürgschaft*

Culpa in contrahendo
§§ 311 Abs. 2 u. 3, 241 Abs. 2, 280 BGB
Bis zur Schuldrechtsreform nicht kodifiziertes Rechtsinstitut, bei dem im Fall schuldhafter Verletzung vorvertraglicher Pflichten der Verletzer dem Verletzten den entstandenen Schaden zu ersetzen hat; nunmehr durch die vorgenannten Vorschriften gesetzlich geregelt

Darlehen
§§ 488, 607 BGB
Vertrag, bei dem der Darlehensempfänger verpflichtet ist, die empfangenen vertretbaren Sachen (i. d. R. Geld) dem Darlehensgeber in Sachen von gleicher Art, Güte und Menge zurückzuerstatten; man unterscheidet Gelddarlehen (§§ 488 ff. BGB) und *Sachdarlehen* (§§ 607 ff. BGB); bei einem Gelddarlehen ist der Darlehensempfänger außerdem verpflichtet, den vereinbarten Zins zu zahlen; bei *Verbraucherdarlehen* gelten die Sondervorschriften der §§ 491 ff. BGB; der Begriff Darlehen wird vom Gesetz ausschließlich für das Gelddarlehen verwendet

Darlehensvermittlungsvertrag
§ 655a BGB
Vertrag, durch den sich ein *Unternehmer* (§ 14 BGB) verpflichtet, einem *Verbraucher* (§ 13 BGB) gegen Entgelt einen Darlehensvertrag zu vermitteln oder die Gelegenheit zum Abschluss eines Darlehensvertrags nachzuweisen

Deliktische Ansprüche
§§ 823 ff. BGB
Auf Schadensersatz gerichtete Ansprüche aus unerlaubter Handlung

Deliktsfähigkeit
§§ 827, 828 BGB
Fähigkeit, wegen unerlaubter Handlungen auf Schadensersatz in Anspruch genommen zu werden; besitzt, wer entweder volljährig ist und geistig zurechnungsfähig oder wer das 7. Lebensjahr vollendet hat und reif und einsichtig genug ist, um das Unrecht seiner Handlung zu erkennen; Ausnahme § 828 Abs. 2 BGB bei Unfällen mit einem Kfz: dort Deliktsfähigkeit erst ab 10 Jahren, es sei denn, vorsätzliches Handeln des Kindes

Dienstvertrag
§§ 611 ff. BGB
Vertrag, durch den sich die eine Partei zur Leistung der versprochenen Dienste und die andere Partei zur Gewährung der vereinbarten Vergütung verpflichtet; zu unterscheiden ist zwischen selbständiger Tätigkeit (echter Dienstvertrag) und unselbständiger Tätigkeit (Arbeitsvertrag)

Dinglicher Anspruch
Anspruch, der sich aus der Beziehung einer Person zu einer Sache herleitet; z. B. Herausgabeanspruch des Eigentümers (§§ 985, 986 BGB), Herausgabeanspruch des Besitzers (§ 861 BGB), Anspruch auf Duldung der Zwangsvollstreckung aufgrund einer Hypothek (§ 1147 BGB)

Dissens
§§ 154, 155 BGB
Einigungsmangel bei Vertragsschluss; zu unterscheiden sind der offene Dissens (§ 154 BGB), bei dem sich die Parteien bewusst sind, regelungsbedürftige Fragen offengelassen zu haben, und der versteckte Dissens (§ 155 BGB), bei dem dieses Bewusstsein fehlt; beim offenen Dissens gilt der Vertrag grundsätzlich als nicht zu Stande gekommen; beim versteckten Dissens hängt der Vertragsschluss davon ab, ob die Parteien ihn auch in Kenntnis des Einigungsmangels gewollt hätten

Drittschadensliquidation
Auseinanderfallen von Anspruch und Schaden, weil der Geschädigte keinen Anspruch besitzt, und der Anspruchsinhaber keinen Schaden erlitten hat; der Anspruchsinhaber ist berechtigt, den Schaden des Geschädigten zu liquidieren; er muss den Anspruch an den Geschädigten abtreten

Duldungsvollmacht
Zurechnung einer Willenserklärung, obwohl Stellvertreter keine ausdrückliche Vertretungsmacht besitzt; Voraussetzung ist, dass Geschäftsherr weiß, dass ein anderer für ihn wie ein Vertreter auftritt und dies nicht unterbindet; Dritter darf von dem Mangel der Vertretungsmacht keine Kenntnis besitzen

Eigenschaften einer Sache
§ 119 Abs. 2 BGB
Jeder wertbildende Faktor, der einer Sache unmittelbar und auf Dauer anhaftet, nicht jedoch der Wert selbst

Eigenschaftsirrtum
§ 119 Abs. 2 BGB
Irrtum über eine verkehrswesentliche Eigenschaft einer Sache oder Person; berechtigt zur Anfechtung

Eigentum
§ 903 BGB
Uneingeschränkte rechtliche Sachherrschaft; Recht, mit einer Sache grundsätzlich nach Belieben zu verfahren

Eigentumserwerb beweglicher Sachen
Erfordert Einigung und Übergabe (§ 929 Satz 1 BGB) oder Übergabesurrogat (§§ 929 Satz 2, 930, 931 BGB)

Eigentumsherausgabeanspruch
§§ 985, 986 BGB
Anspruch des Eigentümers auf Herausgabe der Sache gegen den unberechtigten Besitzer

Eigentumsübertragung an Grundstücken
Erfordert notariell beurkundete Einigung (= *Auflassung* § 925 BGB) und Eintragung in das Grundbuch (§ 873 BGB)

Eigentumsvorbehalt
§ 449 BGB
Einigung zwischen Verkäufer und Käufer, dass Eigentum erst bei vollständiger Kaufpreiszahlung übergeht; stellt eine aufschiebende *Bedingung* der Eigentumsübertragung dar

Eingriffskondiktion
§ 812 Abs. 1 Satz 1, 2. Fall
Anspruch auf Ausgleich einer nicht auf Leistung beruhenden unberechtigten Vermögensverlagerung

Einrede
Vorbringen, das die Durchsetzbarkeit des Anspruchs eines anderen hemmt, den Anspruch selbst aber nicht beseitigt; z. B. §§ 214, 320 BGB; Einrede muss erhoben werden, keine Berücksichtigung von Amts wegen

Einseitiges Rechtsgeschäft
Rechtsgeschäft, das nur die Willenserklärung einer Person erfordert; z. B. Auslobung § 657 BGB, Vermächtnis § 1939 BGB

Einwendung
Rechtliche Umstände, die zum Erlöschen (rechtsverhindernde Einwendung) oder zur Undurchsetzbarkeit (rechtshemmende Einwendung) eines Anspruchs führen; im Gegensatz zur *Einrede* bedarf es bei der Einwendung keiner ausdrücklichen Berufung des Begünstigten auf sie; Einwendungen werden von Amts wegen berücksichtigt

Einwilligung
§§ 182, 183 BGB
Vorherige Zustimmung zu einem zustimmungsbedürftigen Rechtsgeschäft

Elektronische Form
§ 126 a BGB
Besondere Form für Willenserklärungen und Verträge; kann die *Schriftform* ersetzen, wenn der Aussteller der Erklärung dieser seinen Namen beifügt und das elektronische Dokument mit einer qualifizierten *elektronischen Signatur* versieht

Elektronische Signatur
Signaturgesetz
Verfahren zur eindeutigen Identifizierung von Urheber und Inhalt einer in elektronischer Form abgegebenen Erklärung; um die Anforderungen an die *elektronische Form* zu erfüllen, muss die Signatur auf einem zum Zeitpunkt ihrer Erzeugung gültigen qualifizierten Zertifikat beruhen und mit einer sicheren Signaturerstellungseinheit erzeugt werden (qualifizierte elektronische Signatur)

Empfangsbedürftige Willenserklärung
Willenserklärung, die an eine andere Person zu richten ist

Erfolgsort
Ort, an dem der rechtsgeschäftlich geschuldete Erfolg eintritt; vom *Erfüllungsort* zu unterscheiden

Erfüllbarkeit
§ 271 BGB
Zeitpunkt, ab dem Schuldner berechtigt ist, die geschuldete Leistung zu erbringen; sofern nichts Anderes vereinbart, sofort gegeben

Erfüllung
§ 362 Abs. 1 BGB
Bewirken der geschuldeten Leistung; führt zum Erlöschen des Schuldverhältnisses

Erfüllungsgehilfe
§ 278 BGB
Jemand, der vom Schuldner zur Erfüllung einer bestehenden Verpflichtung eingeschaltet wird; Verschulden des Erfüllungsgehilfen wird dem Schuldner zugerechnet

Erfüllungshalber
§ 364 Abs. 2 BGB
Schuldner übernimmt zum Zwecke der Befriedigung des Gläubigers diesem gegenüber eine neue Verbindlichkeit (z. B. Scheck), ohne dass das Schuldverhältnis erlischt

Erfüllungsort
§ 269 BGB
= *Leistungsort;* Ort, an dem der Schuldner die Leistungshandlung zu erbringen hat; vom *Erfolgsort* zu unterscheiden

Erfüllungs statt
§ 364 Abs. 1 BGB
Gläubiger nimmt eine andere als die geschuldete Leistung in der Weise an, dass das Schuldverhältnis erlöschen soll

Erklärungsbewusstsein
Bewusstsein, etwas rechtlich Erhebliches zu erklären; nach h. M. keine Voraussetzung für das Vorliegen einer Willenserklärung; fehlendes Erklärungsbewusstsein kann aber zur Anfechtung berechtigen

Erklärungsirrtum
§ 119 Abs. 1 2. Fall BGB
Irrtum bei der Abgabe einer Willenserklärung über das Artikulierte (z.B. Verschreiben, Versprechen); es wird ein anderes Erklärungszeichen abgegeben als gewollt

Erlass
§ 397 BGB
Aufhebungsvertrag, in dem der Gläubiger auf die Forderung verzichtet

Exkulpation
§ 831 Abs. 1 Satz 2 BGB
Möglichkeit des Geschäftsherrn, sich von der Haftung für einen von seinem Verrichtungsgehilfen verursachten Schaden zu befreien; setzt voraus, dass er nachweist, dass er den Gehilfen ordnungsgemäß ausgewählt hat oder dass das schädigende Ereignis auch bei ordnungsgemäßer Auswahl eingetreten wäre

Factoring
= Forderungsverkauf; setzt Kaufvertrag über die Forderung und zu dessen Erfüllung die *Abtretung* derselben voraus

Fahrlässigkeit
§ 276 Abs. 2 BGB
Außerachtlassen der im Verkehr erforderlichen Sorgfalt

Faktische Unmöglichkeit
§ 275 Abs. 2 BGB
Liegt vor, wenn die Leistung tatsächlich zwar möglich wäre, ihre Erbringung aber
einen Aufwand erfordern würde, der unter Beachtung des Inhalts des Schuldverhältnisses und der Gebote von Treu und Glauben in einem groben Missverhältnis
zu dem Leistungsinteresse des Gläubigers steht; berechtigt Schuldner zur Verweigerung der Leistung

Fälligkeit
§ 271 BGB
Zeitpunkt, von dem an der Gläubiger die Leistung vom Schuldner verlangen
kann; Leistung ist grds. sofort fällig

Fernabsatzverträge
§ 312 c BGB
Verträge über die Lieferung von Waren oder die Erbringung von Dienstleistungen,
die zwischen einem *Unternehmer* (§ 14 BGB) und einem *Verbraucher* (§ 13 BGB)
unter ausschließlicher Verwendung von Fernkommunikationsmitteln abgeschlossen werden, sofern der Vertragsschluss im Rahmen eines für den Fernabsatz or-
ganisierten Vertriebs- oder Dienstleistungssystems erfolgt

Finanzierungsleasing
Sonderfall des *Leasingvertrages*, bei dem Leasinggeber eine von einem Dritten erworbene Sache dem Leasingnehmer für eine bestimmte Zeit zum Gebrauch über-
lässt; anders als bei der Miete trägt der Leasingnehmer die Gefahr des Untergangs
der Sache und muss für Mängel und Schäden während der Leasingzeit selbst aufkommen; Sachmängelgewährleistungsansprüche richten sich aufgrund vertraglicher Vereinbarung meistens nach kaufrechtlichen Vorschriften (*Abtretung* der Ansprüche des Leasinggebers gegen seinen Lieferanten)

Fixgeschäft
§ 323 Abs. 2 Nr. 2 BGB
Rechtsgeschäft, bei dem die Rechtzeitigkeit der Leistungserbringung überragende
Bedeutung hat; absolutes Fixgeschäft liegt vor, wenn die Einhaltung der Leistungszeit nach dem Zweck des Vertrages und der gegebenen Interessenlage für
den Gläubiger derart wesentlich ist, dass eine verspätete Leistung keine Erfüllung
mehr darstellt (z. B. Taxi für Zug); Rechtsfolgen bestimmen sich nach Unmöglich-
keitsrecht; beim relativen Fixgeschäft muss die Einhaltung der Leistungszeit so
wesentlich sein, dass mit der zeitgerechten Leistung das Geschäft „stehen und fallen soll"; Gläubiger kann bei Nichteinhalten der Leistungszeit sofort, d. h. ohne
Nachfristsetzung zurücktreten (§ 323 Abs. 2 Nr. 2 BGB)

Formfreiheit
Bestandteil der *Vertragsfreiheit*; Willenserklärungen können formfrei abgegeben
werden, solange nicht durch Gesetz oder Parteivereinbarung eine besondere Form
vorgesehen ist

Garantie
Bedeutet, dass die eine Partei (Garant) der anderen Partei zusagt, für das Eintreten
oder Nichteintreten eines bestimmten Erfolges einzustehen; in den §§ 443, 477
BGB bestehen Sonderregelungen für die unselbständige Garantie bezüglich der
Beschaffenheit einer Sache; hierbei handelt es sich um ein neben den gesetzli-
chen Gewährleistungsansprüchen stehendes Gewährleistungsversprechen des
Verkäufers, mit dem dieser für die vertragsmäßige Beschaffenheit und das ein-
wandfreie Funktionieren der verkauften Sache für die Dauer einer bestimmten

Frist einstehen will; die selbständige Garantie, die gesetzlich nicht geregelt ist, hat einen über die Sachmängelfreiheit hinausgehenden Erfolg zum Gegenstand, z. B. das Versprechen beim Unternehmenskauf, dass das verkaufte Unternehmen jährlich einen bestimmten Gewinn abwerfe

Gattungsschuld
§ 243 Abs. 1 BGB
Liegt vor, wenn der Leistungsgegenstand – anders als bei der *Stückschuld* – nicht nach individuellen Merkmalen, sondern nur nach allgemeinen Merkmalen bestimmt ist; Schuldner hat eine Sache von mittlerer Art und Güte zu leisten; ihn trifft dabei ein *Beschaffungsrisiko* i. S. v. § 276 Abs. 1 Satz 1 BGB

Gefährdungshaftung
Deliktische Haftung, die kein Verschulden erfordert; z. B. Produkthaftung, Kfz-Halterhaftung, Umwelthaftung (§ 1 ProdHaftG; § 7 StVG; § 1 UmweltHG)

Gefahrtragung
Belastung mit dem Risiko des Untergangs des Leistungsgegenstands; unterschieden werden *Preis-* und *Leistungsgefahr*

Gefahrübergang
Zeitpunkt, zu dem die *Leistungs-* bzw. *Preisgefahr* auf die jeweils andere Vertragspartei übergeht; z. B. § 446 BGB

Gefälligkeitsverhältnis
Verhältnis zwischen Personen, in dem Leistungen erbracht werden, ohne dass eine rechtliche Verpflichtung dazu besteht; Abgrenzungskriterien zum Rechtsgeschäft sind insbesondere das Vorhandensein eines Rechtsbindungswillens und die Bedeutung der erbrachten bzw. zu erbringenden Leistung für den Empfänger

Gegenleistungsgefahr
§ 326 BGB
Risiko des Gläubigers, trotz *Unmöglichkeit* der Leistung die Gegenleistung erbringen zu müssen

Gegenseitiger Vertrag
Vertrag, bei dem die Leistungsverpflichtungen in einem Abhängigkeitsverhältnis stehen, weil jede Partei ihre rechtliche Verpflichtung übernimmt, um selbst eine Leistung zu erhalten; z. B. Kaufvertrag, Mietvertrag, Werkvertrag; die §§ 320 ff. BGB finden Anwendung

Geheimer Vorbehalt
§ 116 BGB
Liegt vor, wenn der Erklärende sich insgeheim vorbehält, das Erklärte nicht zu wollen; sofern der Erklärungsempfänger den Vorbehalt nicht kennt, liegt trotzdem eine wirksame Willenserklärung vor

Genehmigung
§ 184 BGB
Nachträgliche Zustimmung zu einem zustimmungsbedürftigen Rechtsgeschäft (§ 182 BGB)

Gesamtgläubiger
§ 428 BGB
Mehrere Gläubiger sind in der Weise eine Leistung zu fordern berechtigt, dass jeder die ganze Leistung fordern kann, der Schuldner aber die Leistung nur einmal bewirken muss

Gesamtschuldner
§ 421 BGB
Mehrere schulden eine Leistung in der Weise, dass der Gläubiger die Leistung von jedem ganz, aber insgesamt nur einmal fordern kann

Gesamtvertretung
Sonderfall der Vertretungsmacht; Vertretungsmacht kann nur von zwei oder mehreren Personen gemeinsam ausgeübt werden

Geschäft für den, den es angeht
Ausnahme vom *Offenkundigkeitsprinzip* bei der Stellvertretung; obwohl der Stellvertreter nicht im fremden Namen handelt, wirkt ein Bargeschäft des täglichen Lebens für und gegen den Vertretenen, da der Vertragspartner bei solchen Geschäften kein Interesse daran hat, die Person seines Vertragspartners zu kennen

Geschäftsfähigkeit
§§ 104 ff. BGB
Fähigkeit, wirksame Willenserklärungen abzugeben und entgegenzunehmen

Geschäftsführung ohne Auftrag
§§ 677 ff. BGB
Besorgung eines Geschäfts für einen anderen, ohne dazu berechtigt oder verpflichtet zu sein; erfolgte die Geschäftsführung im wirklichen oder mutmaßlichen Interesse des Geschäftsherrn (berechtigte Geschäftsführung ohne Auftrag), besteht Anspruch auf Ersatz der erfolgten notwendigen Aufwendungen; bei unberechtigter Geschäftsführung ohne Auftrag steht dem *Geschäftsherrn* ein Schadensersatzanspruch gegen den Geschäftsführer zu

Geschäftsherr
Person hinter dem Handelnden, z.B. der Vertretene bei der Stellvertretung, Person, die zur Erledigung ihrer Angelegenheiten Dritte einschaltet, oder Person, deren Geschäft bei der Geschäftsführung ohne Auftrag geführt wird

Geschäftsunfähigkeit
§§ 104, 105 BGB
Unfähigkeit, wirksame Willenserklärungen abzugeben und entgegenzunehmen; z.B. Minderjährige, die das siebente Lebensjahr noch nicht vollendet haben, oder Geisteskranke

Geschäftswille
Wille, eine bestimmte Rechtsfolge herbeizuführen; bei Fehlen liegt eine wirksame Willenserklärung vor, die aber durch *Anfechtung* wieder beseitigt werden kann

Gesetzliches Schuldverhältnis
Schuldverhältnis zwischen mindestens zwei Personen, das nicht aufgrund Rechtsgeschäftes, sondern aufgrund Gesetzes entsteht (z.B. §§ 677 ff., 812, 823 BGB)

Gesetzliches Verbot
§ 134 BGB
Besagt, dass Verträge, die gegen die Rechtsordnung verstoßen, nichtig sind

Gewährleistung
Vertragliche Haftung für die Schlechterfüllung vertraglicher Pflichten bei Kauf-, Miet- und Werkverträgen; setzt das Vorliegen eines *Rechts-* oder *Sachmangels* voraus

Gewährleistungsausschluss
Vertragliche Vereinbarung, dass der Schuldner nicht für die Mangelhaftigkeit der Sache oder eines Werkes haftet; ist gem. § 444 BGB nichtig, wenn der Verkäufer den Mangel arglistig verschweigt oder eine *Garantie* übernommen hat; beim Verbrauchsgüterkauf sind die Einschränkungen des § 475 BGB, bei einem Gewährleistungsausschluss in Allgemeinen Geschäftsbedingungen sind §§ 309 Nr. 8 b, 307 BGB zu beachten

Gläubigerverzug
§ 293 ff. BGB
= *Annahmeverzug;* Nichtannahme einer erfüllbaren und möglichen Leistung, obwohl die Leistung gem. §§ 294–296 BGB vom Schuldner ordnungsgemäß angeboten wurde; Rechtsfolgen sind der Übergang der *Preisgefahr* auf den Gläubiger (§ 326 Abs. 2 BGB), die Haftungsmilderung zu Gunsten des Schuldners gem. § 300 Abs. 1 und ein Aufwendungsersatzanspruch (§ 304 BGB)

Grobe Fahrlässigkeit
Außerachtlassen der im Verkehr erforderlichen Sorgfalt in besonders hohem Maße; kann Voraussetzung für das Eintreten negativer Rechtsfolgen sein, z. B. § 442 BGB

Grundschuld
§ 1191 Abs. 1 BGB
Belastung eines Grundstücks in der Weise, dass an denjenigen, zu dessen Gunsten die Belastung erfolgt, eine bestimmte Geldsumme aus dem Grundstück zu zahlen ist

Grundstückserwerb
Setzt gem. § 873 BGB Einigung (= *Auflassung*) in der Form des § 925 BGB und Eintragung im Grundbuch voraus; Kaufvertrag bedarf gem. § 311 b Abs. 1 BGB der notariellen Beurkundung

Gutgläubiger Erwerb
§§ 892, 932 ff. BGB
Eigentumserwerb an einem Grundstück/einer Sache vom Nichtberechtigten

Haftungsausfüllende Kausalität
Ursächlicher Zusammenhang zwischen haftungsauslösendem Umstand (z. B. Rechtsgutverletzung) und Schaden

Haftungsausschluss
Vertraglicher Ausschluss einer Haftung; bezüglich vorsätzlichem Handeln gem. § 276 Abs. 3 BGB nicht möglich; bei Haftungsausschluss durch Allgemeine Geschäftsbedingungen Grenzen der §§ 309 Nr. 7, 307 BGB zu beachten

Haftungsbegründende Kausalität
Ursächlicher Zusammenhang zwischen Handlung und haftungsauslösendem Umstand (z. B. Rechtsgutverletzung)

Haftungsmilderung
Ausnahme vom Grundsatz, dass für jede Form von Verschulden (Vorsatz und Fahrlässigkeit) gehaftet wird; z. B. § 300 Abs. 1 BGB

Halterhaftung
§ 7 StVG
Gefährdungshaftung des Halters von Kraftfahrzeugen für die beim Betrieb eines Kraftfahrzeugs entstandenen Personen- oder Sachschäden

Handelskauf
§§ 373 ff. HGB
Jeder Kauf, der zumindest für einen Vertragspartner ein Handelsgeschäft ist, d. h. zum Betrieb seines Handelsgewerbes gehört und eine Ware oder ein Wertpapier zum Gegenstand hat

Handlungsvollmacht
§ 54 HGB
Jede von einem Kaufmann mit Bezug zu seinem Handelsgewerbe erteilte Vollmacht, die nicht *Prokura* ist

Handlungswille
Bewusstsein, etwas zu tun; Bestandteil einer Willenserklärung; bei Fehlen keine wirksame Willenserklärung

Hauptleistungspflichten
Die Pflichten, die ein Schuldverhältnis charakterisieren; z. B. bei Kauf die Pflichten aus § 433 Abs. 1 und Abs. 2 BGB

Heilung
Beseitigung formeller Fehler eines Rechtsgeschäfts; erfolgt in der Regel, wenn das Rechtsgeschäft tatsächlich durchgeführt worden ist; z. B. § 311 b Abs. 1 Satz 2 BGB

Hemmung der Verjährung
§§ 203 ff. BGB
Fall der Beeinflussung der Verjährungsfrist durch tatsächliche Ereignisse; führt dazu, dass der Zeitraum, während dessen die Verjährung gehemmt ist, nicht eingerechnet wird, d. h. Verjährungsfrist verlängert sich um den entsprechenden Zeitraum (§ 209 BGB); Hemmungsgründe sind z. B. Erhebung der Klage/Zustellung eines Mahnbescheides (§ 204 BGB) oder eine vom Gläubiger angebotene Stundung (§ 205 BGB)

Hersteller
§ 434 Abs. 1 BGB, § 4 ProdHaftG
Derjenige, von dem ein Produkt, ein Grundstoff oder ein Teilprodukt stammt

Hinterlegung
§§ 372 ff. BGB
Übergabe einer Sache durch den Schuldner an die Hinterlegungsstelle bei Vorliegen eines Hinterlegungsgrundes, um Erfüllung herbeizuführen (HinterlO)

Holschuld
§ 269 BGB
Liegt vor, wenn *Erfüllungsort* Wohn- oder Geschäftssitz des Schuldners ist; immer gegeben, wenn Parteien nichts vereinbart haben oder sich aus der Natur des Schuldverhältnisses nicht etwas Anderes ergibt

Hypothek
§ 1113 Abs. 1 BGB
Belastung eines Grundstücks in der Weise, dass an denjenigen, zu dessen Gunsten die Belastung erfolgt, eine bestimmte Geldsumme zur Befriedigung wegen einer ihm zustehenden Forderung aus dem Grundstück zu zahlen ist; streng akzessorisch, d. h. Bestand der Hypothek ist untrennbar mit dem Bestand der Forderung verbunden

Immaterieller Schaden
§ 253 BGB
= Nichtvermögensschaden; nicht in Geld messbare Einbuße an Rechtsgütern; kann nur verlangt werden, wenn im Gesetz besonders angeordnet (z. B. § 253 Abs. 2 BGB, § 8 ProdHaftG, § 11 StVG, § 13 UmwHG)

Immobilien
Alle unbeweglichen Sachen, d. h. Grundstücke (abgegrenzte Teile der Erdoberfläche, die im Bestandsverzeichnis des Grundbuchs gesondert aufgeführt sind) sowie deren *wesentliche Bestandteile* (§§ 90, 94 BGB)

Inhaltsfreiheit
Bestandteil der *Vertragsfreiheit*; Vertragsparteien können Inhalt eines Vertrages grundsätzlich frei bestimmen; Grenzen sind *Sittenwidrigkeit* (§ 138 BGB) oder Verstoß gegen ein *gesetzliches Verbot* (§ 134 BGB)

Inhaltsirrtum
§ 119 Abs. 1 1. Fall BGB
Irrtum über den Inhalt einer Erklärung; Erklärender sagt das, was er sagen will, dieses hat objektiv aber eine andere Bedeutung, als er sich vorgestellt hat

Innenvollmacht
§ 167 Abs. 1 1. Fall BGB
Unterfall der Erteilung einer Vollmacht; erfolgt durch Erklärung gegenüber dem zu Bevollmächtigenden

Insichgeschäft
§ 181 BGB
Rechtsgeschäft, das der Vertreter im Namen des Vertretenen mit sich selbst oder als Vertreter eines Dritten abschließt; ist grundsätzlich unwirksam, es sei denn, der Handelnde ist von den Beschränkungen des § 181 BGB befreit

Invitatio ad offerendum
Einladung zur Abgabe eines Angebots (z. B. Schaufensterauslage); stellt selbst keine Willenserklärung dar

Juristische Person
Zusammenschluss von Personen oder Vermögensmassen, dem das Gesetz eigene Rechtspersönlichkeit zuerkennt

Kauf auf Probe
§ 454 BGB
Besondere Art des Kaufs; Kaufvertrag, bei dem der Vertrag unter der aufschiebenden Bedingung der Billigung des Käufers geschlossen ist; abzugrenzen vom Kauf nach Probe, der nur für die Gewährleistungsansprüche Bedeutung hat, da bei Abweichungen der Kaufsache vom Muster ein Mangel vorliegt (§ 434 BGB)

Kaufvertrag
§ 433 BGB
Gegenseitiger, schuldrechtlicher Vertrag, bei dem sich der Käufer zur Kaufpreiszahlung und der Verkäufer zur Eigentumsübertragung und zur Verschaffung der Sache frei von Sach- und Rechtsmängeln verpflichtet

Kausalität
Ursächlichkeit eines Ereignisses für einen Erfolg

Konkludente Willenserklärung
Willenserklärung, bei der der Wille des Erklärenden nicht durch ausdrückliche Kundgabe, sondern durch schlüssiges Verhalten zum Ausdruck gebracht wird

Konkretisierung
§ 243 Abs. 2 BGB
Handlung des Schuldners, durch die sich die *Gattungsschuld* in eine *Stückschuld* wandelt; tritt ein, wenn der Schuldner das zur Leistung einer solchen Sache seinerseits Erforderliche getan hat; hängt davon ab, welcher *Erfüllungsort* vereinbart worden ist; bei der *Holschuld* muss der Schuldner Sache aussondern und Gläubiger benachrichtigen; bei der *Schickschuld* muss der Schuldner die Sache an die vorgesehene Transportperson übergeben; bei der *Bringschuld* muss er die Sache bei dem Gläubiger ordnungsgemäß anbieten

Konnexität
Anspruch und Gegenanspruch beruhen auf demselben rechtlichen Verhältnis; Voraussetzung für ein Zurückbehaltungsrecht gem. § 273 Abs. 1 BGB

Kündigung
Einseitige, auf die Beendigung eines Dauerschuldverhältnisses gerichtete empfangsbedürftige Willenserklärung; zu unterscheiden sind die ordentliche Kündigung, bei der eine Frist einzuhalten ist und die *außerordentliche Kündigung*, die fristlos erfolgen kann, wenn ein wichtiger Grund vorliegt (z.B. §§ 314, 490, 626 BGB)

Leasingvertrag
Vertrag mit Elementen aus Kauf und Miete; die eine Vertragspartei (Leasinggeber) verpflichtet sich zeitlich begrenzt zur Überlassung von Besitz und Nutzung an einer Sache, während sich die andere Vertragspartei (Leasingnehmer) zur Zahlung eines Entgelts (Leasingrate) verpflichtet; wichtigster Fall in der Praxis ist das *Finanzierungsleasing*

Leihe
§ 598 BGB
Vertrag, der eine unentgeltliche Gebrauchsüberlassung zum Gegenstand hat

Leistungsgefahr
Gefahr, bei zufälligem Untergang des Leistungsgegenstands die Leistung (noch einmal) erbringen zu müssen

Leistungskondiktion
§ 812 Satz 1 1. Fall, Satz 2
Anspruch auf Herausgabe eines durch Leistung des Gläubigers ohne rechtlichen Grund erlangten Vermögensvorteils

Leistungsort
§ 269 BGB
= *Erfüllungsort*, Ort an dem der Schuldner die Leistungshandlung vorzunehmen hat; vom *Erfolgsort* zu unterscheiden

Leistungsstörungen
Umstände, die die ordnungsgemäße Erfüllung des Vertrages beeinträchtigen oder verhindern; unterschieden wird zwischen Unmöglichkeit, Nichtleistung, Schlechtleistung und der Verletzung einer Pflicht aus § 241 Abs. 2 BGB

Leistungsverweigerungsrecht
Recht, die Leistung zeitweilig (z.B. *Zurückbehaltungsrecht* nach § 273 BGB) oder dauernd (z.B. *Verjährung* nach § 214 BGB) zu verweigern

Leistungszeit
§ 271 BGB
Zeit, zu der der Schuldner die Leistung zu bewirken hat (*Fälligkeit*) oder bewirken kann (*Erfüllbarkeit*); soweit nichts Anderes vereinbart ist, muss und kann der Schuldner sofort leisten

Mahnung
§ 286 Abs. 1 BGB
Einseitige, empfangsbedürftige Erklärung des Gläubigers an den Schuldner, mit der dieser zur unverzüglichen Leistungserbringung aufgefordert wird; grundsätzlich erforderlich, um den Schuldner in Verzug zu setzen; entbehrlich in den Fällen des § 286 Abs. 2 und Abs. 3 BGB

Mangel
Voraussetzung für das Vorliegen von Gewährleistungsansprüchen; zu unterscheiden sind *Sachmängel* und *Rechtsmängel*

Mangelfolgeschaden
Schaden, der infolge des Mangels einer Leistung des Schuldners an anderen Rechtsgütern des Gläubigers entsteht; Ersatz früher über das Rechtsinstitut der *positiven Vertragsverletzung* (pVV); heute über den Tatbestand der Vertragsverletzung (§ 280 BGB)

Mängeleinrede
§ 438 Abs. 4 BGB
Käufer kann auch nach Eintritt der Verjährung der Gewährleistungsansprüche die Zahlung des Kaufpreises verweigern; eine Mängelanzeige, ist außerhalb des Handelsrechts (§ 377 HGB) nicht erforderlich

Mängelrüge
Anzeige eines Mangels; erforderlich z.B. bei § 536c BGB (Mietvertrag) oder § 377 HGB (Handelskauf)

Mehrseitiges Rechtsgeschäft
= Rechtsgeschäft, das Willenserklärungen von mindestens zwei Personen erfordert

Mietvertrag
§§ 535 ff. BGB
Vertrag über die entgeltliche Gebrauchsüberlassung von Sachen

Minderjährigkeit
Zeitraum von der Geburt eines Menschen bis zur Volljährigkeit (Vollendung des 18. Lebensjahres [§ 2 BGB]); Minderjährige sind gem. § 106 BGB ab Vollendung des 7. Lebensjahres beschränkt geschäftsfähig

Minderung
§§ 441, 638 BGB
Herabsetzung des Kaufpreises bzw. Werklohns wegen eines Mangels; seit der Schuldrechtsreform als einseitiges Gestaltungsrecht des Käufers bzw. Bestellers ausgestaltet

Missbrauch der Vertretungsmacht
Von Rechtsprechung und Rechtslehre entwickelter Grundsatz, dass trotz Vorliegens von Vertretungsmacht im Außenverhältnis ein vom Stellvertreter geschlossenes Rechtsgeschäft unwirksam ist, wenn sich Stellvertreter und Dritter bewusst über im Innenverhältnis gesetzte Begrenzungen der Vertretungsmacht hinwegsetzen

Mitverschulden
§ 254 BGB
Liegt vor, wenn der Geschädigte bei der Entstehung des Schadens mitgewirkt hat; Rechtsfolge ist Minderung oder Ausschluss seines Schadensersatzanspruchs

Motivirrtum
Liegt vor, wenn sich die Beweggründe für die Abgabe einer Willenserklärung nicht erfüllen; berechtigt nicht zur Anfechtung; Ausnahme Eigenschaftsirrtum gem. § 119 Abs. 2 BGB

Nacherfüllung
§§ 439, 635 BGB
Regelgewährleistungsanspruch des Käufers bzw. Bestellers bei Schlechterfüllung des Verkäufers bzw. Werkunternehmers; Gegenstand kann Nachbesserung oder Neulieferung/Neuherstellung sein

Nachfrist
§§ 281, 323 BGB
Frist, die der Gläubiger bei einer Leistungsstörung dem Schuldner zur Bewirkung der Leistung setzen muss, bevor er Schadensersatz statt der Leistung verlangen oder vom Vertrag zurücktreten kann

Nachträgliche Unmöglichkeit
§§ 275, 326 BGB
Unmöglichkeit der Leistungserbringung, die nach Vertragsschluss eingetreten ist

Naturalrestitution
§ 249 Abs. 1 BGB
Herstellung des Zustandes, der bestehen würde, wenn der zum Ersatz des Schadens führende Umstand nicht eingetreten wäre; nach dem Gesetz Regelform des Schadensersatzanspruchs

Nebenpflichten
Pflichten aus einem Schuldverhältnis, die nicht unmittelbar auf die Erfüllung der Hauptleistungspflicht gerichtet sind; inhaltlich können sie unterschieden werden in Nebenleistungspflichten bzw. leistungssichernde Nebenpflichten, welche die Erbringung der eigentlichen Leistung unterstützen, und Schutzpflichten bzw. leistungsunabhängige Nebenpflichten, die den Schutz der Rechtsgüter des Vertragspartners betreffen (§ 241 Abs. 2 BGB)

Negatives Interesse
Maßstab für Schadensberechnung; Geschädigter muss die Nachteile ersetzt bekommen, die er dadurch erleidet, dass er auf die Gültigkeit eines Vertrages vertraut hat (Vertrauensinteresse); geschuldet z.B. in § 122 Abs. 1 BGB

Neubeginn der Verjährung
§ 212 BGB
Fall der Beeinflussung der Verjährungsfrist durch tatsächliche Ereignisse; in den Fällen des § 212 BGB, insbesondere bei Abschlagszahlungen des Schuldners, beginnt die Verjährungsfrist erneut zu laufen; vor der Schuldrechtsreform als *Unterbrechung* bezeichnet

Nichterfüllung
Liegt vor, wenn der Schuldner trotz fälliger Leistungspflicht dieser nicht nachkommt; mögl. Rechtsfolgen §§ 280, 281, 283, 311a, 323 BGB

Nichtigkeit
Unwirksamkeit eines Rechtsgeschäfts bzw. einer Willenserklärung; Nichtigkeits-
gründe sind z.B. Scheingeschäft (§ 117 BGB), Formmangel (§ 125 BGB), Gesetzliches Verbot (§ 134 BGB), Sittenwidrigkeit (§ 138 BGB), Anfechtung (§ 142 BGB)

Nichtleistung
§§ 281 Abs. 1, 323 Abs. 1 BGB
Jedes Ausbleiben der fälligen Leistung, soweit keine Unmöglichkeit vorliegt; insbesondere Fall der nicht rechtzeitigen Leistung

Notarielle Beurkundung
§ 128 BGB
Besondere Form für bestimmte Willenserklärungen und Verträge; verlangt die Be-
zeugung des Vertragsinhalts bzw. der Willenserklärung durch einen Notar; für den
Beurkundungsakt gelten die Vorschriften des Beurkundungsgesetzes

Objektive Unmöglichkeit
Liegt vor, wenn eine Leistung von niemandem erbracht werden kann

Offenkundigkeitsprinzip
Zu prüfen bei der Stellvertretung; Vertreter muss offenlegen, dass er in fremdem
Namen handelt; Ausnahme: *Geschäft für den, den es angeht*

Öffentliche Beglaubigung
§ 129 BGB
Besondere Form für die Abgabe bestimmter Erklärungen; verlangt, dass die Unterschrift des Erklärenden von einem Notar oder von einer öffentlichen Stelle bestätigt wird

Organe der juristischen Person
Natürliche Personen, die als gesetzlicher Vertreter einer juristischen Person handeln

Persönliche Unmöglichkeit
§ 275 Abs. 3 BGB
Liegt vor, wenn bei einer persönlich zu erbringenden Leistung die Leistungserbringung an sich möglich wäre, sie dem Schuldner unter Abwägung des seiner
Leistung entgegenstehenden Hindernisses mit dem Leistungsinteresse des Gläubigers nicht zugemutet werden kann; berechtigt Schuldner zur Verweigerung seiner Leistung

Pfandrecht
Dingliches Recht an fremden Sachen oder Rechten zur Sicherung von Forderungen; im Falle der Pfandreife Verwertung des belasteten Gegenstandes möglich

Pflichtverletzung
§ 280 Abs. 1 BGB
Zentraler Begriff des Leistungsstörungsrechts; Mindestvoraussetzung für vertragliche Schadensersatzansprüche; liegt vor, wenn der Schuldner hinter dem Pflich-
tenprogramm des Schuldverhältnisses (vgl. § 241 BGB) zurückgeblieben ist; Ober-
begriff für die Formen der *Leistungsstörungen*

Positives Interesse
Maßstab für Schadensberechnung; Geschädigter muss die Nachteile ersetzt bekommen, die er dadurch erleidet, dass der Vertrag nicht ordnungsgemäß erfüllt
wurde (Erfüllungsinteresse)

Positive Vertragsverletzung
= Positive Forderungsverletzung; ein vor der Schuldrechtsreform gewohnheitsrechtlich anerkanntes Rechtsinstitut, wonach schuldhafte Verletzungen vertraglicher Pflichten zum Schadensersatz führten, soweit keine gesetzliche Regelung vorhanden war; heute Bestandteil der in § 280 BGB geregelten Pflichtverletzung

Preisgefahr
Gefahr bei gegenseitigen Verträgen, bei zufälligem Untergang des Leistungsgegenstands trotzdem die Gegenleistung erbringen zu müssen

Primäre Leistungspflicht
= Pflicht, die vertragsmäßig geschuldete Leistung zu erbringen; bei Verletzung dieser Pflicht entstehen Schadensersatzansprüche (*sekundäre Leistungspflichten*)

Produkthaftung
ProdHaftG
Gefährdungshaftung des *Herstellers* eines Produktes für Konstruktions-, Fabrikations- und Bedienungsfehler sowie wegen ungenügender Aufklärung

Produzentenhaftung
Verschuldensabhängige Haftung des *Herstellers* eines Produkts gemäß §§ 823 ff. BGB; Besonderheit, dass Verschulden des Herstellers zu Gunsten des Geschädigten vermutet wird (Beweislastumkehr)

Prokura
§§ 48 ff. HGB
Von einem Kaufmann für sein Handelsgeschäft erteilte rechtsgeschäftliche Vertretungsmacht, deren Umfang gesetzlich festgelegt ist (§ 49 HGB)

Ratenlieferungsvertrag
§ 510 BGB
Vertrag eines *Unternehmers* (§ 14 BGB) mit einem *Verbraucher* (§ 13 BGB) über die Lieferung mehrerer als zusammengehörend verkaufter Sachen in Teilleistungen oder die regelmäßige Lieferung von Sachen gleicher Art oder die Verpflichtung zum wiederkehrenden Erwerb oder Bezug von Sachen; Vertrag muss schriftlich abgeschlossen werden (§ 510 Abs. 1 Satz 1 BGB); Verbraucher steht Widerrufsrecht (§ 355 BGB) zu

Rechtsfähigkeit
§ 1 BGB
Fähigkeit, Träger von Rechten und Pflichten zu sein

Rechtsgeschäft
Vorgang zur willentlichen Herbeiführung eines rechtlichen Erfolges; besteht aus mindestens einer Willenserklärung; aufgrund gesetzlicher Anordnung können auch weitere Voraussetzungen erforderlich sein; z.B. Übergabe der Sache gemäß § 929 BGB für die Übertragung von Eigentum an beweglichen Sachen

Rechtsschein
Äußerlicher Anschein des Bestehens eines in Wirklichkeit nicht bestehenden Rechts; führt in bestimmten Fällen (z.B. Anscheinsvollmacht, Publizität von öffentlichen Registern) dazu, dass das Bestehen des fraglichen Rechts fingiert wird

Rechtswidrigkeit
Erfordernis, dass ein Verhalten im Widerspruch zur Rechtsordnung stehen muss; liegt dann nicht vor, wenn Verhalten durch einen Rechtfertigungsgrund abgedeckt ist (z.B. Einwilligung, Notwehr, Notstand)

Rücktritt
§§ 346 ff. BGB
Einseitige rechtsgestaltende Willenserklärung, die zur Rückgängigmachung eines Vertrages führt; nur möglich, wenn vertraglich vereinbart oder vom Gesetz vorgesehen (z. b. § 323 BGB)

Sachdarlehen
§ 607 BGB
Vertrag, der die Überlassung einer *vertretbaren Sache* gegen ein Darlehensentgelt zum Gegenstand hat; nach Ablauf des Vertrages hat der Darlehensnehmer Sachen von gleicher Art, Güte und Menge zurückzuerstatten

Sache
§ 90 BGB
Jeder körperliche Gegenstand; für die rechtliche Behandlung werden bewegliche Sachen und unbewegliche Sachen (*Immobilien*) unterschieden

Sachmangel
§§ 434, 633 BGB
Zustand einer Sache, der Gewährleistungsansprüche auslöst; liegt nur vor, wenn der jeweilige gesetzliche Tatbestand erfüllt ist; beim Kauf z. b. Beschaffenheitsabweichungen, fehlerhafte Montageanleitungen (vgl. § 434 BGB)

Schaden
Jeder unfreiwillige Nachteil, den jemand an den eigenen, rechtlich geschützten Gütern erleidet; ermittelt wird der Schaden grundsätzlich nach der sog. Gesamtvermögensdifferenzhypothese; dazu wird der Stand des Vermögens vor dem schädigenden Ereignis mit dem nach dem schädigenden Ereignis verglichen

Schadensersatz
Ausgleich eines eingetretenen Schadens; Umfang richtet sich nach §§ 249 ff. BGB; Anspruch nur bei rechtlicher Grundlage

Schadensersatz statt der Leistung
Anspruch auf Ersatz des Schadens, den jemand dadurch erleidet, dass eine vertragliche Pflicht nicht erfüllt wird; wird gewährt bei Unmöglichkeit, Verzögerung, *Schlechtleistung* und Verletzung einer Pflicht nach § 241 Abs. 2 BGB; ist auf Ersatz des positiven Interesses gerichtet; bei der Schlechtleistung kann ein Gläubiger grds. wählen, ob er am Vertrag festhält und die durch die Pflichtverletzung entstandenen Nachteile ersetzt verlangt (kleiner Schadensersatz) oder ob er sich vom Vertrag löst und Ersatz des gesamten durch die Nichterfüllung entstandenen Schadens verlangt (großer Schadensersatz)

Schadensersatz wegen Mangel
Ansprüche auf Schadensersatz wegen eines Mangels bei Kauf- oder Werkvertrag richten sich über die Verweisungsnormen der §§ 437 Nr. 3 und 634 Nr. 4 BGB nach den allgemeinen Vorschriften der §§ 280, 281 BGB; setzen wegen § 280 Abs. 1 Satz 2 BGB ein *Vertretenmüssen* des Verkäufers/Werkunternehmers voraus (§§ 276, 278 BGB)

Scheingeschäft
§ 117 BGB
Geschäft, bei dem sich die Parteien darüber einig sind, dass es nur zum Schein abgeschlossen wird; Scheingeschäft ist nichtig

Schenkung
§ 516 Abs. 1 BGB
Vertrag, der auf eine unentgeltliche Zuwendung, durch die jemand aus seinem Vermögen einen anderen bereichert, gerichtet ist

Scherzerklärung
§ 118 BGB
Eine nicht ernstlich gemeinte Willenserklärung, die in der Erwartung abgegeben wird, dass der Erklärungsempfänger die mangelnde Ernstlichkeit erkennt (gut gemeinter Scherz); derartige Erklärungen sind nichtig

Schickschuld
Liegt vor, wenn Erfüllungsort Wohn- oder Geschäftssitz des Schuldners ist, dieser es aber übernimmt, die Sache zum Gläubiger auf den Weg zu bringen, ohne das Transportrisiko tragen zu wollen. *Erfolgsort* ist Wohnsitz des Gläubigers; Sonderfall ist der *Versendungskauf*

Schlechterfüllung
Vertragliche Leistung wird zwar erbracht, jedoch nicht in der geschuldeten Art und Weise; Unterfall der Vertragsverletzung i. S. v. § 280 BGB; Sondervorschriften bestehen im Gewährleistungsrecht verschiedener Vertragstypen

Schlechtleistung
Unterfall der Pflichtverletzung; zu unterscheiden ist die Verletzung leistungsbezogener Pflichten (= *Schlechterfüllung* oder nicht vertragsgemäße Erbringung der Leistung) und die Verletzung von Pflichten i. S. v. § 241 Abs. 2 BGB (nicht leistungsbezogene Pflichten)

Schmerzensgeld
§ 253 Abs. 2 BGB
Billige Entschädigung in Geld für einen Nichtvermögensschaden; wird nur gewährt bei Körper- oder Gesundheitsverletzung, Freiheitsberaubung, Verletzung der sexuellen Selbstbestimmung sowie schweren, rechtswidrigen und schuldhaften Eingriffen in das allgemeine Persönlichkeitsrecht; wird seit der Schadensrechtsreform unabhängig von der Rechtsnatur des zu Grunde liegenden Anspruchs gewährt, also auch bei vertraglichen Ansprüchen und Ansprüchen aus *Gefährdungshaftung*

Schriftform
§ 126 Abs. 1 BGB
Besondere Form für Willenserklärungen und Verträge; erfordert schriftliche Niederlegung der Erklärung und eigenhändige Unterschrift des bzw. der Erklärenden; statt der Unterschrift kann Unterzeichnung auch mittels notariell beglaubigten Handzeichens erfolgen

Schuldanerkenntnis
§ 781 BGB
Vertrag, durch den das Bestehen eines Schuldverhältnisses anerkannt wird; das deklaratorische Schuldanerkenntnis bestätigt eine bereits bestehende Schuld; das konstitutive Schuldanerkenntnis schafft unabhängig von dem bestehenden Schuldgrund eine neue, selbständige Verpflichtung; beim konstitutiven Schuldanerkenntnis ist schriftliche Erteilung der Anerkenntniserklärung erforderlich

Schuldbeitritt
= Schuldmitübernahme; Rechtsgeschäft, durch das der Beitretende zusätzlich neben dem Schuldner für dessen Schuld haftet, wodurch eine Gesamtschuld entsteht; abzugrenzen von der *Schuldübernahme*

Schuldnerverzug
§ 286 BGB
Schuldhafte Nichtvornahme einer Leistung trotz Fälligkeit und Möglichkeit, sofern Mahnung erfolgt oder entbehrlich ist (§ 286 Abs. 2 BGB) bzw. bei Geldschulden 30 Tage nach Zugang einer Rechnung oder gleichwertigen Forderungsaufstellung (§ 286 Abs. 3 BGB) vergangen sind; Rechtsfolgen sind Verpflichtung des Schuldners zum Ersatz des Verzögerungsschadens (§§ 280, 286 BGB), Zahlung von Verzugszinsen (§ 288 Abs. 1 BGB) und eine Haftungsverschärfung (§ 287 BGB); *Schadensersatz statt der Leistung* (§ 281 BGB) und *Rücktritt* (§ 323 BGB) setzen keinen Verzug voraus

Schuldübernahme
§§ 414, 415 BGB
Rechtsgeschäft, durch das ein Schuldner an die Stelle eines Anderen tritt; erfordert entweder Vertrag zwischen Gläubiger und Neuschuldner oder Vertrag zwischen Alt- und Neuschuldner, der vom Gläubiger genehmigt werden muss

Schuldverhältnis
§§ 241, 311 Abs. 1 BGB
Rechtliche Beziehung zwischen mindestens zwei Personen, die dem Gläubiger das Recht gibt, vom Schuldner eine Leistung zu verlangen; entsteht regelmäßig durch Rechtsgeschäft oder Gesetz; ein Schuldverhältnis liegt auch schon bei Tatbeständen im Vorfeld eines Vertrages vor (vgl. § 311 Abs. 2 und 3 BGB)

Schutzgesetz
§ 823 Abs. 2 BGB
Jede materielle Rechtsnorm, die nicht lediglich die Allgemeinheit, sondern mindestens auch einen Einzelnen schützt; ihre Verletzung führt zu Schadensersatzansprüchen

Schweigen
Stellt grundsätzlich keinen Fall der konkludenten Abgabe einer Willenserklärung dar; aufgrund gesetzlicher Anordnung kann dem Schweigen jedoch rechtserhebliche Bedeutung beikommen; z.B. § 108 Abs. 2 Satz 2 BGB (Rechtsgeschäft eines Minderjährigen), § 177 Abs. 2 Satz 2 (Rechtsgeschäft eines Vertreters ohne Vertretungsmacht) § 416 Abs. 1 Satz 2 BGB (Übernahme einer Hypothekenschuld), § 455 Satz 1 BGB (Billigung bei Kauf auf Probe), § 516 Abs. 2 BGB (Annahmeerklärung des Beschenkten); § 362 HGB (Schweigen des Kaufmanns auf Anträge); kraft Gewohnheitsrecht gilt das Schweigen auf ein kaufmännisches Bestätigungsschreiben als Einverständnis mit dessen Inhalt

Selbstschuldnerische Bürgschaft
§ 773 Abs. 1 Nr. 1 BGB
Form der *Bürgschaft*, bei der der Bürge auf die Einrede der Vorausklage verzichtet (§ 773 Abs. 1 Nr. 1 BGB); unter Kaufleuten Regelfall der Bürgschaft (§ 349 HGB)

Sicherungsabrede
Vereinbarung zwischen Sicherungsgeber und Sicherungsnehmer über Art, Umfang und Dauer einer vom Sicherungsgeber gewährten Sicherheit zur Absicherung einer Forderung des Sicherungsnehmers

Sicherungsübereignung
Sonderfall der *Übereignung* einer Sache; Eigentümer überträgt das Eigentum an einer Sache zur Sicherung einer Forderung an den Forderungsinhaber; Eigentumsübertragung erfolgt dabei in der Form des § 930 BGB, sodass Sicherungsgeber im Besitz der Sache bleibt

Sittenwidrigkeit

§ 138 Abs. 1 BGB

Fall der *Nichtigkeit* eines Rechtsgeschäfts; liegt vor, wenn das Rechtsgeschäft gegen das Anstandsgefühl aller billig und gerecht Denkenden verstößt; z. B. Wucher (§ 138 Abs. 2 BGB), Knebelungsverträge, Übersicherungen

Stellvertretung

§§ 164 ff. BGB

Betrifft die Zurechnung rechtsgeschäftlichen Handelns; Willenserklärung, die eine Person im Namen und mit Vertretungsmacht für eine andere Person abgibt, wirkt für und gegen diese

Störung der Geschäftsgrundlage

§ 313 BGB

= nach Vertragsschluss eintretende Veränderungen von Umständen, die zur Grundlage des Vertrages geworden sind; führen zur Anpassung oder zum Wegfall des Vertrages, sofern die Parteien den Vertrag nicht oder mit anderem Inhalt geschlossen hätten, wenn sie die Änderungen vorausgesehen hätten

Stückschuld

Liegt vor, wenn der Leistungsgegenstand – anders als bei der *Gattungsschuld* – nach individuellen Merkmalen bestimmt ist; Schuldner kann seine Leistungsverpflichtung nur mit einer ganz bestimmten Sache erfüllen

Stundung

Vereinbarung, durch die die Fälligkeit des Anspruchs hinausgeschoben wird; führt zur Hemmung der Verjährung (§ 205 BGB), soweit sie vom Gläubiger angeboten wurde; hat der Schuldner um eine Stundung gebeten, liegt bei ihrer Gewährung ein *Neubeginn* der Verjährung (§ 212 BGB) vor

Subjektive Unmöglichkeit

= Unvermögen; nur der Schuldner kann die Leistung nicht erbringen

Subsumtion

Prüfung, ob ein konkreter Lebenssachverhalt unter den Tatbestand einer gesetzlichen Norm fällt

Taschengeldparagraph

§ 110 BGB

Fall der konkludenten Zustimmung des gesetzlichen Vertreters zu Rechtsgeschäften eines Minderjährigen; der ohne ausdrückliche Zustimmung von einem Minderjährigen geschlossene Vertrag ist von Anfang an wirksam, wenn das Geschäft mit Mitteln bewirkt wurde, die dem Minderjährigen zur freien Verfügung überlassen wurden

Teilzahlungskauf

§ 507 BGB

= Abzahlungskauf; Kauf, bei dem der Kaufpreis nicht sofort, sondern in Raten entrichtet wird; Vertragsschluss muss schriftlich und mit bestimmten Inhalten (§ 507 Abs. 2 BGB) erfolgen; Käufer steht Widerrufsrecht (§§ 495 I, 355 BGB) oder Rückgaberecht (§§ 508 Abs. 1, 356 BGB) zu

Teilzeit-Wohnrechtevertrag

§ 481 BGB

Vertrag zwischen einem *Unternehmer* (§ 14 BGB) und einem *Verbraucher* (§ 13 BGB), der die Verschaffung eines Nutzungsrechts zu Erholungs- und Wohnzwecken für einen bestimmten oder bestimmbaren Zeitraum eines Jahres an einem Wohngebäude oder einem Teil eines Wohngebäudes zum Gegenstand hat und auf mindestens drei Jahre abgeschlossen wird; Vertrag erfordert *Schriftform* (§ 484 BGB)

Textform
§ 126 b BGB
Besondere Form für Erklärungen; erfordet die Abgabe der Erklärung in einer Urkunde oder auf andere zur dauerhaften Wiedergabe in Schriftzeichen geeigneten Weise, die Nennung der Person des Erklärenden und den Abschluss der Erklärung durch Nachbildung der Namensunterschrift oder in anderer Weise; z. B. erforderlich bei § 355 Abs. 2 BGB (Belehrung eines Verbrauchers über sein Widerrufsrecht), § 554 Abs. 3 Satz 1 BGB (Mitteilung über Maßnahmen zur Verbesserung der gemieteten Räume), § 651 g Abs. 2 BGB (Zurückweisung der Mängelansprüche des Reisenden)

Trennungsgrundsatz
Grundsatz, dass Verpflichtungs- und Verfügungsgeschäft strikt voneinander zu trennen sind; Voraussetzung für das *Abstraktionsprinzip*

Treu und Glauben
§ 242 BGB
Generalklausel des BGB; dient dazu, wertende Betrachtungen in die rechtliche Würdigung von Sachverhalten einzubringen; z. B. *Verwirkung*, Grundsatz „dolo facit, qui petit, quod statim redditurus sit" (arglistig handelt, wer etwas [eine Leistung] fordert, die er [aus einem anderen Rechtsgrund] sofort wieder zurückgeben muss)

Übereignung
Übertragung des Eigentums an einer Sache; vgl. *Eigentumsübertragung an Grundstücken, Eigentumserwerb beweglicher Sachen*

Umdeutung
§ 140 BGB
Ersetzung eines gewollten, aber nichtigen Rechtsgeschäfts durch ein anderes, in seinen Voraussetzungen gegebenes Rechtsgeschäft; Voraussetzung ist, dass dieses Rechtsgeschäft ebenfalls dem Parteiwillen entspricht

Umwelthaftung
UmweltHG
Gefährdungshaftung für Schäden, die durch das Betreiben bestimmter Arten von Anlagen hervorgerufen werden

Ungerechtfertigte Bereicherung
§§ 812 ff. BGB
Einseitig verpflichtendes gesetzliches Schuldverhältnis zum Ausgleich von Vermögensverschiebungen, die der Rechtsordnung widersprechen; derjenige, der einen Vermögensverlust erlitten hat (Bereicherungsgläubiger), kann von demjenigen, dem der Vermögensverlust zugeflossen ist (Bereicherungsschuldner), einen Anspruch auf Herausgabe des Erlangten geltend machen; vgl. *Eingriffskondiktion, Leistungskondiktion*

Unterbrechung der Verjährung
Vor der Schuldrechtsreform Fall der Beeinflussung der Verjährungsfrist durch tatsächliche Ereignisse; jetzt als *Neubeginn der Verjährung* bezeichnet, wobei allerdings nicht mehr alle Unterbrechungsgründe des alten Rechts übernommen wurden; insbesondere führt Erhebung einer Klage bzw. Zustellung eines Mahnbescheides nicht zum Neubeginn der Verjährung, sondern zur *Hemmung*

Unterlassungsanspruch
Anspruch auf Einstellung einer rechtswidrigen Beeinträchtigung eines Rechtsguts, z. B. des Namensrechts (§ 12 BGB), des Besitzes (§ 862 BGB) oder des Eigentums (§ 1004 BGB)

Unternehmen
Wirtschaftliche Einheit, die auf einer Verbindung personeller und sachlicher Mittel beruht

Unternehmenskauf
Bezeichnung für die beim Verkauf eines Unternehmens zu tätigenden Rechtsgeschäfte; Gegenstand des Kaufvertrages kann das gesamte Unternehmen sein; für seine Erfüllung ist grundsätzlich nach den im Unternehmen zusammengefassten Rechten und Sachen zu unterscheiden (z. B. *Auflassung* von Grundstücken, *Übereignung* beweglicher Sachen, *Abtretung* von Forderungen); bei Mängeln, die das Unternehmen als Ganzes betreffen, sind die Vorschriften über Sachmängel entsprechend anwendbar (§ 453 Abs. 1 BGB)

Unternehmer
§ 14 BGB
Natürliche oder juristische Person oder rechtsfähige Personengesellschaft, die bei Abschluss eines Rechtsgeschäfts in Ausübung ihrer gewerblichen oder selbständigen beruflichen Tätigkeit handelt

Unzulässige Rechtsausübung
Aus dem Grundsatz von *Treu und Glauben* abgeleitetes Rechtsinstitut, wonach die Berufung auf ein Recht nicht möglich ist, wenn sie unangemessen erscheint

Verarbeitung
§ 950 BGB
Fall des Eigentumsverlusts durch tatsächliche Handlung; setzt voraus, dass durch Verbindung oder Umbildung eines oder mehrerer Stoffe eine neue bewegliche Sache hergestellt wird und der Wert der Arbeitsleistung nicht erheblich geringer ist als der Wert der Ausgangsstoffe

Verbindung
§§ 946, 947 BGB
Fall des Eigentumsverlusts durch tatsächliche Handlung; setzt voraus, dass eine bewegliche Sache aufgrund Vereinigung mit einem Grundstück *wesentlicher Bestandteil* desselben oder aufgrund Vereinigung mit anderen beweglichen Sachen wesentlicher Bestandteil (§ 93 BGB) einer einheitlichen Sache wird

Verbraucher
§ 13 BGB
Jede natürliche Person, die ein Rechtsgeschäft zu einem Zweck abschließt, der überwiegend weder ihrer gewerblichen noch ihrer selbständigen beruflichen Tätigkeit zugerechnet werden kann

Verbraucherdarlehen
§ 491 BGB
Gelddarlehensvertrag zwischen einem *Unternehmer* (§ 14 BGB) als Darlehensgeber und einem *Verbraucher* (§ 13 BGB) als Darlehensnehmer; Vertrag bedarf Schriftform und eines besonderen Inhalts (§ 492 BGB); Verbraucher steht Widerrufsrecht nach §§ 495, 355 BGB zu

Verbrauchsgüterkauf
§ 474 BGB
Vertrag, bei dem *Verbraucher* (§ 13 BGB) von einem *Unternehmer* (§ 14 BGB) eine bewegliche Sache kauft; Rechtsfolge ist z. B., dass Gewährleistungsansprüche nicht ausgeschlossen werden können (§ 475 BGB) und dass der Gefahrübergang beim *Versendungskauf* (§ 447 BGB) nicht gilt

Verfügung eines Nichtberechtigten
Verfügung einer Person ohne Verfügungsmacht über ein fremdes Recht; Verfügungen eines Nichtberechtigten können gem. § 185 BGB genehmigt werden; bei Verfügungen eines Nichtberechtigten über Sachen ist *gutgläubiger Erwerb* möglich; Rechtsverluste aufgrund wirksamer Verfügungen werden aufgrund § 816 BGB ausgeglichen

Verfügungsgeschäft
Rechtsgeschäft, durch das ein Recht unmittelbar übertragen, inhaltlich verändert, belastet oder aufgehoben wird

Verjährung
§§ 194 ff. BGB
Undurchsetzbarkeit eines Anspruchs aufgrund von Zeitablauf; stellt eine dauernde Einrede dar (§ 222 Abs. 1 BGB)

Verjährungsfrist
Regelmäßige Verjährungsfrist beträgt gem. § 195 BGB 3 Jahre; Sonderregeln bestehen z. B. für dingliche Ansprüche sowie familien- und erbrechtliche Ansprüche (§ 197 BGB), Gewährleistungsansprüche (z. B. §§ 438, 634 a BGB); die regelmäßige Verjährungsfrist beginnt mit Ablauf des Jahres, in dem Anspruch entstanden ist und Kenntnis vom Anspruchsgegner und den anspruchsbegründenden Umständen erlangt wurde (§ 199 BGB)

Verjährungshöchstfristen
§ 199 Abs. 2 bis 4 BGB
Legen fest, wann die Verjährung spätestens eintritt, unabhängig davon, ob die Verjährung nach der üblichen Berechnung erst später eintreten würde

Verlängerter Eigentumsvorbehalt
Sonderfall des *Eigentumsvorbehalts* (§ 449 BGB), bei dem an die Stelle der Kaufsache die durch Verarbeitung neu entstandene Sache oder eine Forderung hieraus tritt

Vermieterpfandrecht
§ 562 BGB
Gesetzliches *Pfandrecht* des Vermieters an den eingebrachten Sachen des Mieters für Forderungen aus dem Mietverhältnis

Vermischung
§§ 948, 947 BGB
Fall des Eigentumsverlusts durch tatsächliche Handlung; setzt voraus, dass bewegliche Sachen untrennbar miteinander verbunden werden oder eine Trennung zwar möglich ist, aber mit unverhältnismäßigen Kosten verbunden wäre (§ 948 Abs. 2 BGB)

Vermögen
Gesamtheit der einer Person zustehenden Güter und Rechte von wirtschaftlichem Wert einschließlich der Erwerbschancen

Verpflichtungsgeschäft
Auf Begründung einer Verpflichtung gerichtetes Rechtsgeschäft (z. B. Kaufvertrag nach § 433 BGB)

Verrichtungsgehilfe
§ 831 BGB
Person, die mit Wissen und Wollen des Geschäftsherrn in dessen Interesse tätig wird und von dessen Weisungen abhängig ist; Geschäftsherr haftet für Schäden, die der Verrichtungsgehilfe in Ausführung der Verrichtung einem Dritten widerrechtlich zufügt, sofern ihm nicht die *Exculpation* gelingt

Verschulden
Vorwerfbarkeit eines rechtswidrigen Handelns; Verschuldensmaßstab ist § 276 BGB (Vorsatz und Fahrlässigkeit)

Verschulden bei Vertragsschluss
siehe *culpa in contrahendo*

Versendungskauf
§ 447 BGB
Kauf, bei dem der Verkäufer die Ware auf Verlangen des Käufers nach einem anderen Ort als dem Erfüllungsort verschickt mit der Folge, dass die *Preisgefahr* auf den Käufer übergeht, sobald die Sache der Transportperson übergeben wurde und soweit nicht ein *Verbrauchsgüterkauf* vorliegt (§ 474 Abs. 2 BGB)

Vertrag
Ein zwei- oder mehrseitiges Rechtsgeschäft, bei dem durch zwei oder mehrere übereinstimmende Willenserklärungen eine Rechtsfolge herbeigeführt werden soll

Vertrag im elektronischen Geschäftsverkehr
§§ 312 i f. BGB
Vertrag über die Lieferung von Waren oder die Erbringung von Dienstleistungen, bei dessen Abschluss sich ein *Unternehmer* (§ 14 BGB) eines Tele- oder Mediendienstes bedient hat; beinhaltet besondere Pflichten gegenüber dem Kunden (vgl. § 312 i Abs. 1 und § 312 j BGB)

Vertrag mit Schutzwirkung zu Gunsten Dritter
Rechtsinstitut, um nicht an einem Vertrag beteiligten Dritten bei Verletzung seiner Rechtsgüter einen vertraglichen Schadensersatzanspruch zu gewähren; gilt nur, wenn der Dritte mit der vertraglichen Leistung genauso in Berührung kommt wie der Gläubiger und zwischen Gläubiger und Drittem ein besonderes Fürsorgeverhältnis besteht; Leistungsnähe und Fürsorgeverhältnis müssen für Schuldner erkennbar sein; zusätzlich müssen die Voraussetzungen des konkreten Schadensersatzanspruchs gegeben sein

Vertrag zu Gunsten Dritter
§ 328 BGB
Schuldrechtlicher Vertrag, in dem vereinbart ist, dass der Schuldner die Leistung nicht an den Gläubiger, sondern an einen Dritten erbringen soll; zu unterscheiden sind echter und unechter Vertrag zu Gunsten Dritter; nur beim echten Vertrag zu Gunsten Dritter hat der Dritte einen eigenen Anspruch gegen den Schuldner

Vertragsfreiheit
= Privatautonomie; Grundsatz, wonach jeder selbst bestimmen kann, ob und mit wem er Verträge schließt und welchen Inhalt diese haben; Einzelelemente sind *Abschluss-, Form-* und *Inhaltsfreiheit*

Vertragsschluss
§§ 145 ff. BGB
Zustandekommen eines Vertrags durch zwei übereinstimmende Willenserklärungen (*Angebot* und *Annahme*)

Vertragsstrafe
§ 339 BGB
= Konventionalstrafe; Vereinbarung der Zahlung einer Geldsumme durch den Schuldner an den Gläubiger für den Fall, dass er seine Verbindlichkeit nicht oder nicht in gehöriger Weise erfüllt

Vertretbare Sachen
§ 91 BGB
Bewegliche Sachen, die im Verkehr nach Zahl, Maß oder Gewicht bestimmt werden

Vertretenmüssen
Einstehen für eigenes (§ 276 BGB) oder fremdes (§ 278 BGB) Verschulden

Vertretungsmacht
Rechtsmacht, in fremdem Namen für fremde Rechnung zu handeln (§§ 164 ff. BGB); gem. § 167 Abs. 1 BGB kann die rechtsgeschäftliche Erteilung (*Vollmacht*) gegenüber dem zu Bevollmächtigenden (*Innenvollmacht*) oder gegenüber dem Dritten (*Außenvollmacht*) erklärt werden; gesetzliche Vertretungsmacht liegt vor bei Eltern (§ 1629 BGB), Vormund (§ 1793 BGB), Betreuer (§ 1902 BGB) oder einem Pfleger (§ 1909 BGB); organschaftliche Vertretungsmacht liegt vor bei den gesellschaftsrechtlich bestimmten Organen von juristischen Personen (z.B. Geschäftsführer einer GmbH oder Vorstand einer AG) oder als teilrechtsfähig anerkannten Personenvereinigungen (Gesellschafter einer OHG)

Verwirkung
Rechtsgrundsatz, dass ein Anspruch aufgrund Zeitablaufs (Zeitmoment) untergeht, sofern besondere Umstände vorliegen, nach denen der Schuldner mit einer Geltendmachung des Anspruchs nicht mehr zu rechnen braucht (Umstandsmoment); wird hergeleitet aus dem Grundsatz von *Treu und Glauben* (§ 242 BGB)

Verzugsschaden
§§ 280, 286, 288 BGB
= Verzögerungsschaden; Schaden, der allein auf dem Verzug beruht; gesetzlich geregelter Mindestschaden ist die Verpflichtung zum Ersatz von Verzugszinsen

Vollmacht
§ 166 Abs. 2 BGB
Durch Rechtsgeschäft erteilte *Vertretungsmacht*

Vorsatz
§ 276 BGB
Form des *Vertretenmüssens*; liegt vor, wenn jemand bewusst und gewollt einen tatsächlichen Erfolg herbeigeführt hat

Vorstand
§ 26 BGB
Organ des Vereins; vertritt Verein nach außen (§ 26 Abs. 2 BGB)

Wegfall der Bereicherung
§ 818 Abs. 3 BGB
Grundsatz des Bereicherungsrechts, nach dem die Verpflichtung zur Herausgabe oder zum Ersatz des Wertes des Erlangten ausgeschlossen ist, soweit der Empfänger nicht mehr bereichert ist

Wegfall der Geschäftsgrundlage
§ 313 BGB
Seit der Schuldrechtsreform als *Störung der Geschäftsgrundlage* bezeichnet

Werk
§ 631 Abs. 2 BGB
Herstellung oder Veränderung einer Sache oder ein anderer durch Arbeit oder Dienstleistung herbeigeführter Erfolg

Werklieferungsvertrag
§ 651 BGB
Vertrag, der die Lieferung herzustellender oder zu erzeugender beweglicher Sachen zum Gegenstand hat; wird nach kaufrechtlichen Vorschriften behandelt

Werkunternehmerpfandrecht
§ 647 BGB
Gesetzliches *Pfandrecht* des Werkunternehmers für die Werklohnforderung an den von ihm hergestellten oder ausgebesserten Sachen des Bestellers, sofern sie bei der Herstellung oder zum Zweck der Ausbesserung in seinen *Besitz* gelangt sind

Werkvertrag
§ 631 BGB
Vertrag, bei dem der Unternehmer zur Herstellung des versprochenen *Werkes* und der Besteller zur Entrichtung der vereinbarten Vergütung verpflichtet ist

Wesentlicher Bestandteil
§ 93 BGB
Bestandteile einer Sache, die voneinander nicht getrennt werden können, ohne dass der eine oder andere zerstört oder in seinem Wesen verändert wird; können nicht Gegenstand eigener Rechte sein

Widerrechtliche Drohung
Inaussichtstellen eines Übels, auf dessen Verwirklichung der Drohende Einfluss zu haben vorgibt, sofern sich der Zweck, das Mittel oder die Zweck-Mittel-Relation als verwerflich darstellen; berechtigt zur Anfechtbarkeit der aufgrund der Drohung abgegebenen Willenserklärung (§ 123 Abs. 1 BGB)

Widerruf
Einseitige, empfangsbedürftige Willenserklärung, die eine noch nicht endgültig wirksame Willenserklärung von Anfang an beseitigen soll; nur möglich, wenn vertraglich vereinbart oder vom Gesetz vorgesehen, z. B. § 312 g Abs. 1 BGB (Außerhalb von Geschäftsräumen geschlossene Verträge und Fernabsatzverträge), § 495 Abs. 1 BGB (Verbraucherdarlehensverträge)

Willenserklärung
Jede auf einen rechtlichen Erfolg gerichtete Willensäußerung; Mindestvoraussetzung für das Vorliegen eines *Rechtsgeschäfts*

Willensmangel
Fehlerhaftigkeit einer Willenserklärung aufgrund eines nicht zutreffend gebildeten Willens; führt zur Nichtigkeit oder Anfechtbarkeit; vgl. z. B. *geheimer Vorbe-*

halt, Scheingeschäft, Scherzerklärung, Inhaltsirrtum, Erklärungsirrtum, widerrechtliche Drohung

Wucher
§ 138 Abs. 2 BGB
Gesetzlich geregelter Fall der *Sittenwidrigkeit*; Rechtsgeschäft, bei dem der eine die Zwangslage, die Unerfahrenheit, den Mangel an Urteilsvermögen oder die erhebliche Willensschwäche eines anderen dadurch ausnutzt, dass er sich eine unverhältnismäßige Gegenleistung versprechen bzw. gewähren lässt

Zession
Vgl. *Abtretung*

Zubehör
§ 97 BGB
Bewegliche Sachen, die, ohne *Bestandteil* der Hauptsache zu sein, dem wirtschaftlichen Zweck der Hauptsache zu dienen bestimmt sind und zu ihr in einem dieser Bestimmung entsprechenden räumlichen Verhältnis stehen; sind grundsätzlich rechtlich selbständig, sofern vom Gesetz nicht dem rechtlichen Schicksal der Hauptsache zugeordnet (z. B. §§ 311 c, 1120 BGB)

Zugang einer Willenserklärung
§ 130 Abs. 1 BGB
Wirksamkeitserfordernis für die Abgabe empfangsbedürftiger Willenserklärungen unter Abwesenden; liegt vor, wenn Willenserklärung derart in den Herrschaftsbereich des Empfängers gelangt ist, dass die Möglichkeit der Kenntnisnahme besteht und mit der Kenntnisnahme unter gewöhnlichen Umständen zu rechnen ist

Zugesicherte Eigenschaft
Merkmale einer Sache, für die der Verkäufer in besonderer Weise einstehen will; stellt i. d. R. unselbständige Beschaffenheits*garantie* im Sinne von § 443 BGB dar; kann darüber hinaus aber auch eine selbständige Garantie im Sinne von § 276 BGB sein, wenn der Wille des Verkäufers, für einen bestimmten, über die Mangelfreiheit hinausgehenden Erfolg eintreten zu wollen, erkennbar ist, sodass Verkäufer bei deren Fehlen verschuldensunabhängig haftet

Zurückbehaltungsrecht
§ 273 BGB
Einrede des Schuldners, der aus demselben rechtlichen Verhältnis, auf dem seine Verpflichtung beruht, einen fälligen Anspruch gegen den Gläubiger hat, die geschuldete Leistung zu verweigern, bis die ihm gebührende Leistung bewirkt wird

Zu-wenig-Lieferung
§§ 434 Abs. 3, 633 Abs. 2 BGB
= Unterfall des Mangels

E. Fallfinder

Stichwort	Fälle	Randnummer(n)
Abtretung	15	101
Allgemeine Geschäftsbedingungen	10	71
Anfechtung	6	36
Aufrechnung	8	51
Entgangener Gewinn	13	85
Erfüllungsgehilfe	14, 17	91, 127
Erfüllungsschaden	6	36
Fernabsatz	5	31
Formmangel	1	17
Gattungsschuld	9	58
Handlungsvollmacht	2	23
Herausgabeanspruch (§ 346 BGB)	3, 16	29, 126
Herausgabeanspruch (§ 357 Abs. 1 BGB)	3	29
Kaufvertrag	2, 4, 8, 9, 11, 15, 16, 17, 20	23, 30, 51, 58, 71, 101, 126, 127, 161
Konkretisierung	9	58
Kündigung (Mietrecht)	18	137
Leistungsstörungen	9, 12, 13, 14, 17, 19, 20	58, 77, 85, 91, 127, 160, 181
Mangelfolgeschaden	14	91
Minderung (Mietrecht)	18	137
Pflichtverletzung	7, 9, 12, 13, 14, 17, 19, 20	43, 58, 77, 85, 91, 127, 160, 161
Rücktritt	3, 16	29, 126
Rücktritt wegen Verzögerung	7	43
Sachmängelhaftung beim Kauf	16, 17, 20	126, 127, 161
Sachmängelhaftung beim Werkvertrag	19	160
Schadensersatz	6, 9, 12, 13, 14, 17, 19	36, 58, 77, 85, 91, 177, 160
Scheingeschäft	1	17
Schlechtleistung	14, 16, 17, 19	91, 126, 127, 160
Selbstvornahme	20	161
Sittenwidrigkeit	3	29
Stellvertretung	2	23
Ungerechtfertigte Bereicherung	3	29
Unmöglichkeit	9, 12	58, 77
Verjährung	8, 10	51, 62
Vertrag außerhalb von Geschäftsräumen	3	29
Vertrauensschaden	6	36
Vertreter ohne Vertretungsmacht	2	23
Verzögerung	7, 13	43, 85
Verzugsschaden	13	85
Werkvertrag	19, 20	160, 161
Widerrufsrecht	3, 4, 5	29, 30, 31
Wucher	3	29